TARÔ DE UMBANDA

Sacerdotisa Lu Zanetta

TARÔ DE UMBANDA

Ilustrações de
Patrícia Harumi e *Homero Fernandes*

Publicado em 2022 pela Editora Alfabeto

Supervisão geral: Edmilson Duran
Revisão: Luciana Papale e Matheus Hotz
Capa e diagramação: Décio Lopes
Imagem de capa e dorso das lâminas: Carlos Stênio de Jesus
Ilustrações das cartas: Patrícia Harumi e Homero Fernandes

DADOS INTERNACIONAIS DE CATALOGAÇÃO NA PUBLICAÇÃO

Zanetta, Lu

Tarô de Umbanda/ Sacerdotisa Lu Zanetta – 1ª edição – Editora Alfabeto. São Paulo, 2022.

ISBN 978-65-87905-30-3

1. Oráculo   2. Tarô   3. Esoterismo   4. Umbanda   I. Título.

Todos os direitos reservados. Proibida a reprodução total ou parcial desta obra sem a expressa autorização por escrito da editora, seja quais forem os meios empregados, com exceção de resenhas literárias que podem reproduzir algumas partes do livro, desde que citada a fonte.

EDITORA ALFABETO
Rua Protocolo, 394 | CEP 04254-030 | São Paulo/SP
Tel: (11) 2351-4168 | E-mail: editorial@editoraalfabeto.com.br
Loja Virtual: www.editoraalfabeto.com.br

Sumário

Agradecimentos 7

Prefácio 9

Introdução 13

Capítulo 1: O que é Umbanda? 17

Como a Umbanda funciona 23

Capítulo 2: A psicofonia dentro da Umbanda e
sua utilização em uma leitura de Tarô 37

Como ativar sua psicofonia? 40

Capítulo 3: Como utilizar o seu Tarô de Umbanda 45

Como ativar o seu Tarô 51

Cores do Orixás (Arcanos Maiores) 51

Cores dos Arcanos Secundários 52

Capítulo 4: Análise das cartas do Tarô de Umbanda 53

Capítulo 5: Métodos de tiragem 181

Considerações finais 193

| 5 |

Agradecimentos

Dedico esta obra as cinco pessoas que são muito importantes neste caminho que percorri (duas delas não estão mais neste plano terreno). Essas pessoas estão ligadas à minha jornada de reencarnação e fizeram e fazem a diferença dentro do meu coração e de toda minha existência.

À minha mãe Rute, por estar sempre apoiando esta filha maluquinha, devido a triplicidade em Mercúrio (sou de gêmeos, com ascendente em gêmeos e com Mercúrio na cúspide da casa UM), junção que sempre traz criações e ideias diferentes. O lema de um bom geminiano é: "O que fazer para sair deste tédio?". E haja paciência de mãe para aguentar uma filha de Iansã com as mudanças constantes que Mercúrio emana!

Agradeço ao meu amigo e irmão Emerson Pantaleo, por ter ajudado na finalização e revisão técnica deste livro. E a Carlos Stênio, meu companheiro, marido, amigo, namorado e comparsa de Umbanda, que escolheu me aguentar nesta encarnação; por todo amor, paciência, dedicação, não só na vida, mas também na parceria com este trabalho e por ter feito o sigilo (símbolo mágico) da capa e do dorso das lâminas. Sua ajuda foi imprescindível.

À Cathia D'Gaya, pela sua amizade, que veio pelas mãos da espiritualidade em um período em que havia um vazio dentro do meu coração pela perda de um grande irmão espiritual, o Carlinhos. Assim como existe falta de amor, existem também

8 | Tarô de Umbanda

amigos verdadeiros e, com certeza, a Espiritualidade Maior nos aproximou, pois se uma bruxa ninguém segura, imaginem duas juntas! (inclusive a ideia de criar as cartas secundárias veio dela!). E em memória a dois grandes seres que Olorum colocou em meu caminho: meu pai, Luiz Gonzaga Zanetta, que me deu de presente meus primeiros livros, quando eu tinha apenas 7 anos, despertando uma paixão que tenho até hoje; e meu melhor amigo, Luiz Carlos Garcia (o Carlinhos), que acreditava mais em mim do que eu mesma, despertando, com sua amizade, a maior fé que podemos ter: a fé em si mesmo. Pois se viemos de uma força criacionista divina, essa força, essa luz vibra em nós. Acreditar em si é acreditar em Deus, afinal, fomos feitos à Sua imagem e semelhança.

Meus sinceros agradecimentos aos mentores do plano espiritual, que, além de sempre me ampararem aqui na Terra com a orientação da cigana Rafaela (minha mentora nos oráculos), intuíram-me a fazer esta obra que será uma ferramenta de ajuda a todos nós, oraculistas, terapeutas, tarólogos, astrólogos e todos aqueles que buscam de forma humilde a conexão e a orientação do plano astral.

À minha filha de santo, Patrícia Harumi, que fez algumas lâminas deste baralho, inclusive a do Preto-velho, que captou de forma única a presença de espírito deste Arcano, dentre outros.

Aos guias e amigos espirituais das falanges que me acompanham e me protegem, aos Exus, Pombagiras, Pretos-velhos, Caboclos, Baianos, etc. E a todos os meus amigos e parceiros de jornada que acompanham o meu trabalho e confiam nesta bruxinha que vos escreve.

Axé a todos!

Prefácio

Falar desta incrível e inédita obra é uma imensa honra! Um tarô feito com muito amor, dedicação, respeito e sensibilidade pela Sacerdotisa de Umbanda e Astróloga Luciana Zanetta. Mas antes de falar desta obra especial, desejo expressar minha admiração pela autora e dizer como a espiritualidade nos conduziu até este prefácio que escrevo. Foi a magia divina e a magia da montanha mágica quem nos apresentou e por onde tudo se fortaleceu. Os Orixás, amados seres de luz, promoveram essa amizade e nossas trocas consistentes sobre dedicação, conhecimentos, estudos e as boas energias que conduziram minha irmã de fé para escrever e desenvolver este oráculo diferenciado. Confio muito na espiritualidade para trazer do campo astral ao plano material uma obra que supera expectativas. Eu estou encantada, parabéns Luciana!

É muita responsabilidade ancorar a energia de um oráculo no campo da vida material, devido à expectativa de que a mensagem, o conhecimento e a grande proposta temática tragam os resultados esperados.

O *Tarô de Umbanda* traz uma abordagem relacionada aos Orixás, seus arquétipos e linhas de trabalho, como Erês, Caboclos, Baianos, Ciganos e outros. Os vinte e dois Arcanos Maiores trazem o sincretismo espelhado em suas poderosas lâminas, com energia e manifestação para uma leitura robusta e precisa, tanto do tarólogo quanto do consulente.

Conheço e trabalho com diversos tarôs, mas aviso a você: este é mágico e com tantas vibrações, que as lâminas saltam aos olhos, proporcionando, desde o início, uma leveza e respeito ao manuseá-lo.

Existe um grande diferencial que precisa ser claro e evidenciado sobre este *Tarô de Umbanda*: as doze cartas adicionais não representam a Corte e nem os Arcanos Menores, mas, sim, casas planetárias. Somadas aos Arcanos Maiores, essas cartas vão trazer ainda mais informações sobre a abordagem pretendida.

Proporcionar uma resposta segura associada ao amparo espiritual eleva o padrão de uma consultoria e, sem dúvida, a torna muito diferenciada. Quando iniciamos uma consulta, pedimos por vibrações amorosas e proteção para este momento único na vida do consulente e para o grande aprendizado que cada consulta agrega em nossa vida.

Eu me sinto feliz, preenchida com amor e gratidão, pois temos a oportunidade de trabalhar com um tarô que emana *Asé*[1], força e direcionamento. Ao iniciar seus estudos e manusear as lâminas incríveis deste tarô, sinta e vibre com seu coração cada emanação dos Orixás de cada Arcano Maior. Neste quesito, Luciana Zanetta soube passar toda energia necessária de uma maneira bem vibrante.

Lembre-se sempre de pedir bênçãos e proteção dos amados seres que emanam as qualidades divinas antes de iniciar seus trabalhos com o tarô. Senti a necessidade de compartilhar isso. Você sentirá o que estou querendo transmitir.

O envolvimento da astrologia nesta obra vai revelar, de maneira simples e positiva, mensagens importantes. Como aquariana, achei isso muito inovador! Como curiosa, estudiosa e taróloga, surpreendi-me muito com essa fusão e como ela deu

---

1. O mesmo que *axé*, significa força, podendo ser um cumprimento.

certo, muito certo. Com certeza, para você que trabalha com a Mandala Astrológica, assim como com os Arcanos Maiores, Orixás e linhas de trabalhos, isso vai oferecer às suas leituras riqueza e inspiração.

Sinto em meu coração o quanto esta obra enriquecida de conhecimento vai trazer uma nova perspectiva para seu trabalho e para sua vida. Que a fé que sustenta, o amor que eleva, o conhecimento que edifica, a lei que direciona, a justiça que protege, a evolução que se segue e a geração da vida que flui para tudo estejam contigo nesta linda caminhada de luz. Uma honra deixar esta contribuição para minha irmã de fé.

Gratidão imensa Luciana, e muito sucesso, pois o amor que esta obra emana é intenso.

Boa leitura e um iluminado caminho com o amparo dos Orixás.

Cathia D'Gaya
Taróloga, Maga e Sacerdotisa de Umbanda

Introdução

Este baralho foi criado com duas funções específicas: a primeira delas é a de auxiliar, de maneira mais ampla, o trabalho dos oraculistas, devido ao vasto significado que cada lâmina possui e o fato de colocarmos aqui junções complementares que vão auxiliar os iniciantes ou aqueles que sentem insegurança ao interpretar um oráculo com maior maestria, trazendo uma leitura ampla e assertiva.

A segunda função desta obra é trazer para o plano terreno algo que ainda não foi criado dentro da religião umbandista, que é um Tarô de Umbanda próprio para os seguidores e, claro, não só para os adeptos, mas também para os que são interessados e querem aprender um pouco mais sobre essa religião tão linda. O propósito deste tarô é justamente trazer em seus Arcanos, de forma simples e resumida, o significado e a energia que cada Orixá, e também algumas falanges de Umbanda, carregam. Esta obra, além de trazer um direcionamento vital para as pessoas, traz também um excelente conhecimento da cultura umbandista, que provém do sincretismo de religiões africanas, cristãs, kardecistas, indígenas e magísticas, mostrando ao leitor o quão pode ser profunda uma interpretação de um oráculo, direcionando-nos para os portais divinos da criação, que uns chamam de "trono", outros de "Orixás" e outros ainda de "deuses da natureza" que, na verdade, são as mesmas forças que regem

14 | Tarô de Umbanda

o Universo. Cada tribo nomeia e se conecta a essas vibrações, capazes de exteriorizar a força de um Deus único, que aqui denominaremos de "Olorum", da forma que quiser.

Se formos, no entanto, estudar a fundo todas as ideologias das seitas ou religiões existentes, perceberemos que elas acabam se convergindo em essência no significado de suas divindades, que são sustentadas pelo mesmo Criador, mas mudam de nomenclatura de acordo com a cultura de cada um, sem, no entanto, mudar o tipo de energia ou de frequência vibratória.

Para ampliar e potencializar a criação deste tarô dentro dos mistérios dos oráculos, foram inseridas 12 lâminas chamadas de "cartas secundárias", sendo que 11 delas representam os planetas e a 12ª carta secundária vem representando os Caboclos. Já os 22 Arcanos Maiores representam a Umbanda e suas falanges, dentro dos 7 portais principais vibracionais e das 14 irradiações bipolarizadas em energias *yang* e *yin* (energias masculinas e femininas), trazendo a representatividade das 7 ondas vibratórias da criação, que dão sustentação ao macro e microcosmo: a energia cristalina, mineral, vegetal, ígnea, eólica, telúrica e aquática de nossa existência.

O *Tarô de Umbanda* abrange, assim, todos os fatores divinos que sustentam o Universo, visto que 11 dos Arcanos secundários inclusos nesta obra possuem a força vibracional dos planetas do sistema solar e das casas zodiacais que, dentro da astrologia, influenciam nossa maneira de ser e de interagir com o mundo. Aqui, tais planetas também trazem sua representação energética e atuam de forma direcionadora e reveladora dentro do nosso oráculo. Estes Arcanos fazem um sincretismo natural com a representação cultural dos deuses mitológicos nas cartas planetárias, somadas a essência de forças deste tarô, que só mudam de nome, mantendo, porém, o mesmo portal que dá sustentação à sua energia vibracional.

Apesar de nestas lâminas citarmos tal sincronicidade, gostaria de destacar que o foco dessas cartas secundárias é a representatividade da força dos planetas e não dos deuses mitológicos, cujas associações feitas aqui têm mais a função de trazer um aprendizado, um conhecimento mítico. Afinal, o saber não tem limites e nunca é demais, visto que só levaremos deste plano terreno o que somos e sabemos!

As 22 primeiras lâminas deste oráculo foram baseadas na ideologia dos 22 Arcanos Maiores do Tarô de Marselha, realizando um sincretismo com os Orixás da Umbanda, transformando estas cartas em um potente portal de comunicação deste mundo terreno com o plano espiritual. Cada lâmina contém em suas interpretações uma vasta explicação. Ao final de cada carta que aqui vamos apresentar há uma magia – religiosa ou natural –, que vai permitir ao leitor praticar a leitura para si mesmo ou para seus consulentes, amigos e familiares. O intuito desta obra é trazer uma ferramenta poderosa para os umbandistas, bruxos, bruxas e simpatizantes que gostam de usar os oráculos como orientadores da jornada terrena e espiritual, suprindo, neste baralho, interpretações que algumas obras semelhantes não possuem ou abrangem de forma superficial. Se estudado a fundo, cada Arcano do tarô possui um vasto e amplo significado de interpretações, que podem trazer soluções e revelações para o momento presente, para o futuro próximo e até mesmo de vidas passadas com base em suas cartas astrológicas.

Dentro da minha experiência de 30 anos como taróloga e 10 anos como professora e dirigente espiritual, ministrando Cursos de Magia, Baralho e Teologia de Umbanda, percebo o quanto é importante um trabalho deste porte para nos orientar dentro do nosso dia a dia. Vejo o quanto é bom podermos utilizar desta ferramenta para ajudar não só a nós, mas também ao nosso próximo, ou, indo mais além, transformar a conexão

16 | Tarô de Umbanda

com os oráculos em terapia e tornar disso uma profissão, afinal, vivemos num plano material e tanto as coisas físicas quanto o amparo espiritual são necessários para manter um equilíbrio diário. Claro, em tudo deve haver bom senso, o oraculista pode ter o valor monetário de suas consultas estipulado, mas isso não deve impedi-lo de fazer a caridade, separando um dia da semana para agendamentos gratuitos, ou ainda, para quando sentir que o consulente precisa e não pode arcar com os custos. O oraculista pode e deve praticar a caridade, mas sempre tendo o bom senso, ciente de que existem pessoas boas e necessitadas, mas também as má intencionadas, que se aproveitam da bondade alheia. Na dúvida do que fazer diante de situações assim, basta que você abra seu *Tarô de Umbanda* e, usando o primeiro método de leitura ensinado aqui, o mais simples que há neste livro (o Método das 3 Cartas), você vai saber se a pessoas está sendo honesta ou não.

Os oráculos, se corretamente utilizados, podem não só nos direcionar em coisas simples do dia a dia, como também em situações mais abrangentes, que vai desde saber se há empecilhos num relacionamento amoroso ou nas finanças, até aos assuntos do momento presente, auxiliando e aconselhando na tomada de decisões. A prática oracular também pode aconselhar sobre o futuro e o passado, incluindo vidas anteriores de outras reencarnações. Neste *Tarô de Umbanda* em especial, trazemos cartas específicas para tal interpretação, basta que o oraculista use dos métodos de leitura corretamente, fazendo a sua limpeza energética – que veremos mais adiante – e ativando o seu tarô e as suas ferramentas da maneira certa.

Tenha uma boa leitura e aproveite este portal divino que chega agora em suas mãos.

Capítulo 1

O que é Umbanda?

A Umbanda é uma religião maravilhosa, que infelizmente sofreu e sofre preconceito até os dias atuais. A falta de conhecimento faz com que as pessoas confundam Umbanda com "macumba" e supõe que religiões voltadas para práticas espirituais são "demoníacas" ou fazem o mal aos seus semelhantes. Para começar "macumba" não é algo que possa ser utilizado para fazer mal a alguém, pois é somente um instrumento musical utilizado em ritos e festividades. Isso foi associado à Umbanda devido ao triste período escravocrata, que se iniciou no Brasil nas primeiras décadas da sua colonização. Os negros trazidos para cá traziam com eles também seus instrumentos musicais, utilizando-os em seus cultos religiosos. Um dos fundamentos tanto da Umbanda quanto do Candomblé é o de utilizar música para condensar energias salutares, ou, para ser mais específica, esses eram os "pontos cantados". Tanto em yorubá como em português, as palavras entoadas numa só voz têm um poder incomensurável. Quando os leigos, em suas casas luxuosas, ouviam ao longe o som e o ritmo desses cantos, diziam: "olha lá, estão tocando a macumba, estão fazendo a macumba!" Dessa maneira, com o passar dos anos, essa palavra foi associada à nossa amada Umbanda de forma pejorativa, trazendo até hoje para seus adeptos situações constrangedoras.

18 | Capítulo 1

Gostaria de ressaltar aqui a realidade da Umbanda. A intenção é não só elucidar a grandeza dessa religião, mas principalmente revelar ao leitor, de forma clara e objetiva, como funciona a Umbanda. Assim como em todas as religiões, infelizmente nesta também tem, em seus adeptos e seguidores, pessoas de má índole, que usam de seus conhecimentos para fazer o mal. Temos o conhecimento de sacerdotes e adeptos de todos os seguimentos religiosos cometendo atos e erros absurdos, tão condenáveis quanto qualquer umbandista que usa seus conhecimentos para fazer o mal.

Alguns hábitos equivocados dentro da Umbanda também deveriam ser mudados, como, por exemplo, o de dizer que o Exu irá cobrar esta ou aquela atitude de um adepto, ou pior, ameaçar as pessoas tanto de dentro como de fora da religião dizendo que vai fazer "macumba" para elas ou para outras pessoas. É comum vermos irmãos na Umbanda ou de outros segmentos africanos e afro-brasileiros utilizarem de tais termos, pior ainda, incorporarem as entidades em qualquer lugar, sendo que nem mesmo a residência dos adeptos é um local apropriado, visto que as casas que não são Templos ou Terreiros não possuem estrutura espiritual para realizar este tipo de contato mediúnico. Tais atitudes devem ser evitadas, pois a Umbanda, assim como todas as religiões, possui regras e fundamentos que foram criados para fazer o bem. A triste mania de poder e de vingança de muitas pessoas, levam-nas a utilizarem de forma errônea a religião, causando uma visão pobre de uma crença rica culturalmente, repleta de conhecimento e conexão com a espiritualidade.

Dentro deste raciocínio fica a pergunta: "macumba" pega? E eu respondo com conhecimento de quem está na Umbanda há mais de 30 anos: na maioria das vezes, não! Já vi inúmeras vezes pessoas gastarem fortunas com trabalhos negativos (este é o termo correto para se referir quando alguém usa de

O que é Umbanda? | 19

elementos magísticos para fazer mal a alguém e não "macumba") incluindo as "amarrações"[2] que não são práticas que fazem parte da doutrina umbandista. As "amarrações amorosas", por exemplo, na maioria das vezes interferem de forma negativa na vida de quem mandou ativar e na de quem a ativou, comumente, algumas vezes prejudicam o alvo de tal ato também, gerando, com base nestes trabalhos negativados, um carma tão denso que poderá acompanhar o indivíduo até mesmo após o desencarne. Na verdade, dentro das leis de Umbanda isso é algo condenável, na qual será cobrado daquele que praticar tal magia negativa ou mandar fazer, sendo esta uma magia religiosa ou não. Todo o mal feito sempre será cobrado pela sentença de Xangô e da lei de Ogum. Um umbandista verdadeiro jamais vai usar o seu conhecimento para fazer mal ao seu semelhante ou manipular situações e pessoas com atitudes ou trabalhos magísticos negativos.

E quer saber por que trabalhos negativos não pegam?

Porque o trabalho só vai surtir efeito para quem merecer e, principalmente, para quem não for um bom umbandista ou não tiver fé em algo maior e divino!

Existem vários fatores que são necessários além do "conhecimento" e do "poder" que alguns acham que possuem para que um trabalho negativo funcione, vou citar aqui os três principais: o primeiro fator é o caráter, seus pensamentos, sentimentos e ações, cuja postura correta vai livrá-lo de vibrar em padrões baixos e de se unir energeticamente a espíritos negativados que transitam entre este plano e o outro. O segundo fator é cuidar da sua espiritualidade com ações efetivas, utilizando banhos de

---

2. Ritual para unir pessoas que já tiveram um relacionamento ou mesmo aquelas que ainda não se conheceram. Com consentimento ou não.

ervas, orações, velas para o anjo guarda e agindo corretamente diante de todos os fundamentos necessários dentro da Umbanda, ou da sua religião em questão, cuidando das falanges que o acompanham, sejam da direita, sejam da esquerda. E o terceiro fator é o carma, sim, o carma! Durante a nossa jornada evolutiva e as nossas reencarnações, adquirimos o carma como resultado de nossas ações. Podemos ter sido magos que praticavam magia negativa ou indivíduos que fizeram outras pessoas sofrerem com atitudes egoístas e mesquinhas e, por vezes, pedimos para passar pela mesma situação para resgatar um pouco do mal causado a outrem.

Se estes fatores principais não forem violados, dificilmente o trabalho negativo vai surtir um efeito maior que pequenas irritações, pensamentos negativos ou, no máximo, a presença de alguns espíritos desencarnados sofredores e zombeteiros, que podem ser retirados facilmente com um passe ou um benzimento. Inclusive, caso a pessoa que foi alvo de tal ato grotesco esteja conectada com suas entidades e com a sua espiritualidade maior, vai perceber ou sentir o momento em que o trabalho negativo for ativado. Em alguns casos, o indivíduo até é alertado em sonho de que há algo errado e que a energia deve ser limpa. Para auxiliar em tal limpeza, o *Tarô de Umbanda* traz em suas lâminas alguns ensinamentos básicos e positivos de como manipular elementos e transformá-los em ferramentas de limpeza e Axé, podendo, inclusive, "guardar" o leitor contra tais trabalhos magísticos negativos, pois a Umbanda na verdade nos protege disso. Reforçando: o umbandista que faz uso de qualquer manipulação com elementos para o mal não pode ser considerado um adepto digno.

Para exemplificar o que foi dito, em uma leitura de cartas que realizei, uma moça perguntou sobre a vida do seu ex-namorado, o qual já estava se relacionando com outra pessoa. Minha cliente

O que é Umbanda? | 21

queria saber como estava o então atual casal. Eu prontamente abri o jogo de três cartas e saiu a carta de Xangô e mais duas cartas que representavam magia negativa. Naquele momento eu escutei as seguintes palavras da minha cigana: "Avise a ela que o trabalho que fizeram para esta moça não funcionou e que ela não merece tal ação negativa!". Foi exatamente o que ouvi através da psicofonia[3] (que veremos mais adiante) e minha cliente, por sua vez, confirmou ter feito realmente um trabalho para separar o casal. Pelo que apareceu nas cartas, devido a este triste ato dela, o casal estava um pouco irritadiço, mas nada que causasse danos maiores, pois ambos não mereciam e não tinham carma devedor com a moça que mandou ativar o trabalho negativo, além do fato de que ambos estavam no enredo encarnatório um do outro e de que, provavelmente, são pessoas que prezam pela reforma íntima e o bom caráter, trazendo uma proteção ainda maior contra tais atitudes condenáveis pela lei maior de Ogum e a justiça divina de Xangô.

Enfim, a Umbanda é muito mais do que saber manipular os elementos das entidades e dos Orixás. Umbanda é caridade, é a reforma íntima com auxílio dos sábios conselhos dos nossos irmãos de luz. A palavra *Umbanda* se origina do dialeto africano Bantu ou Banto e significa "o curandeiro vivo" ou "o templo vivo", fazendo referência ao real significado de ser umbandista, que é carregar dentro de si o poder de curar a si mesmo e ao seu semelhante. Praticar a Umbanda nos torna portais vivos de comunicação entre este plano terreno e o espiritual, visto que incorporamos, ou melhor, acoplamos os espíritos a nós – não para resolverem nossos problemas ou de nossos semelhantes, mas para nos aconselhar e nos direcionar para o melhor caminho a seguir. As práticas de trabalhos positivadores, como oferendas,

---

3. Método mediúnico para ouvir os espíritos.

22 | Capítulo 1

velas, banhos, etc., nada mais são que uma forma de utilizar os elementos que possuem energias salutares terrenas, espirituais e magísticas em seu benefício e do seu semelhante, potencializando positivamente nossa jornada evolutiva.

Para aqueles que gostam e querem desenvolver seus canais mediúnicos de forma eficaz, a Umbanda é um ótimo caminho a ser seguido, não que os outros seguimentos religiosos não sejam bons, mas assim como nas profissões terrenas, das quais cada um tem seu dom, temos que entender que as religiões também assim o são, e cada ser está no estágio evolutivo da egrégora ou crença de que necessita, tornando, assim uma fé tão importante quanto a outra. No caso da Umbanda, sem dúvida alguma sua função é a de transformar a magia em religião! E, claro, existem pessoas que não praticam religião alguma e são melhores que muitos religiosos assíduos. Assim como religiosidade não é sinônimo de bom caráter, a falta dela também não é sinônimo da falta dele. Devemos sempre antes de julgar algo ou alguém, procurar conhecê-los!

Ainda dentro deste raciocínio do não julgamento, existem ateus e céticos que, em sua ideologia, costumam criticar as religiões em geral. Devido a manipulação que alguns sacerdotes de todas as religiões exercem erroneamente, gostaria de ressaltar aqui que quem deturpa e manipula de forma errada as religiões é o próprio ser humano, visto que a palavra "religião" vem do latim *religare*, que significa "religação", neste caso, ao supremo divino. A religião, portanto, foi criada pela força criacionista que muitos chamam de "Deus", outros de "Jeová", "Alá" e nós, na Umbanda, de "Olorum". O nome em questão não importa, é só um rotulo de linguagem, o importante mesmo é a religação com as vibrações divinas que cada indivíduo realiza nos templos religiosos, umbandistas ou não. Esses lugares sagrados foram criados para potencializar a fé, ou seja, a espiritualidade individual de cada um é a real potência da coletividade espiritual. Este é um dos fundamentos da Umbanda, na qual se tem na corrente mediúnica de um Terreiro a soma do potencial espiritual de todos os membros daquele templo. E não, Umbanda não é uma religião de "macumbeiros", mas, sim, de guerreiros de Aruanda, soldados de Oxalá, que trabalham e atuam verdadeiramente semeando a luz e levando a bandeira da paz.

Como a Umbanda funciona

Após desmistificar a verdadeira função da Umbanda no Planeta Terra, vamos explanar agora como ela realmente funciona. Temos neste segmento religioso uma ferramenta poderosa e moderna, datando do início do século passado somente. Claro que se estudarmos a fundo podemos encontrar relatos mais antigos do que temos conhecimento, além até mesmo dos de Zélio de Moraes (difusor da Umbanda) em 1908.

A Umbanda é uma religião de origem brasileira, que possui a soma de várias vertentes religiosas, tornando-se, portanto, afro-brasileira. Com o passar do tempo, a religião se estruturou e estabeleceram-se os "dirigentes espirituais" umbandistas (os famosos pais e mães de santo).[4]

Aos olhos da Umbanda Contemporânea Orixá é energia primária criacionista, que emana suas ondas vibratórias e, antes de tudo, o que há nas incorporações terrenas umbandistas são

---

4. Optamos aqui, pelo uso do nome "dirigentes espirituais", tendo em vista uma Umbanda Moderna. Levamos em consideração e respeito o nome outrora empregado, sabendo, porém, que santo não tem pai. Na verdade, este termo "pai de santo" é usado de forma errônea, o correto seria "pai no santo" fazendo uma referência a quem foi coroado, (coroação na umbanda significa aquele que foi ritualisticamente apresentado ao Orixá = santo), recebendo, desta forma, uma outorga para auxiliar e direcionar outros irmãos nos dogmas do santo ou do Orixá.

seres graduados espiritualmente, que carregam tais forças e poderes dos Orixás divinos ao virem em terra.

A Umbanda tem sua funcionabilidade baseada nas forças da natureza (Orixás) e nas ondas vibratórias contidas em tudo que permeia o Universo, fazendo uma relação até mesmo científica com a explosão do Big Bang, na qual o amalgamento (junção) dos elementos químicos, dos átomos e das ondas eletromagnetizadoras deu origem a tudo que existe no Universo. É de conhecimento de muitos que a menor partícula visível existente na natureza é o átomo, que, por sua vez, é composto de partículas ainda menores, o que até hoje traz discussões e estudos profundos dentro do mundo da ciência. A Umbanda, em sua profundidade, partilha de uma visão e estudo que começa também na origem dos átomos com suas partículas diversas. É evidente a existência dessas partículas que dão origem a tudo e a todos neste Universo e das energias que conhecemos correlacionadas a elas, mas qual é a ligação disso tudo com a Umbanda?

A Umbanda atual traz à luz do conhecimento que existem portais divinos que dão sustentação, através das suas ondas vibratórias, ao mundo em que vivemos, como se estivéssemos realmente numa "matrix" e existisse uma espécie de mundo paralelo, em uma dimensão ligada à nossa, onde tudo que há aqui também existe lá, sendo o lado espiritual do Planeta que dá sustentação a tudo que aqui ocorre. Essa sustentação é realizada por portais energéticos vibratórios de vários tipos, tamanhos e cores, irradiados para o Planeta através dos seus chacras que, por sua vez, irradiam e formam os elementos e tudo o que é tangível. O Universo e os planetas, assim como nós, possuem chacras (vórtices energéticos). No início da criação divina essas vibrações energéticas, estes vórtices, trouxerem uma movimentação tão poderosa aos elementos, que eles, em uma reação química de ondas eletromagnéticas "explodiram e se amalgamaram de formas diferentes" dando origem aos planetas e a tudo o que existe.

Dentro deste contexto, a Umbanda da atualidade, associada ao sincretismo do conhecimento de outras vertentes religiosas, tem como base em sua doutrina de magia e trabalhos ritualísticos positivadores a força dos 7 portais divinos principais que, irradiando suas ondas vibratórias, regem e sustentam o macrocosmo, sendo alguns destes poderes sustentadores elementais já bem conhecidos por muitos. Os 7 portais principais que dão sustentação a tudo com suas ondas eletromagnéticas são:

PORTAL CRISTALINO: portal que dá sustentação e magnetização à fé, estimulando a religiosidade. Em suas moléculas mais condensadas, ele sustenta e irradia vibrações cristalinas em pedras e objetos que possuem em sua composição materiais como o quartzo e o feldspato, por exemplo, e em frutas e plantas que possuem polpa branca, entre outros padrões simbólicos como a carambola, que ao ser cortada ao meio traz a representação da estrela de cinco pontas. Este mesmo portal é congregador, portanto, é também responsável por sustentar os trabalhos que são realizados dentro do Terreiro pelas falanges espirituais que servem aos Orixás Oxalá e Logunã (Logunã também é conhecida em algumas vertentes como Oyá). As falanges de Oxalá e Logunã tem sua representatividade descrita nas lâminas deste tarô, para, desta forma, não só trazer poder para este oráculo, mas também fixar o conhecimento dos mistérios deste portal cristalino, que vibra sobre nós durante todo o tempo, estejamos conectados a ele ou não. Dentro da Umbanda, estes Orixás regem entidades que carregam nomes que fazem referência aos mistérios de tais irradiações sustentadoras neste plano terreno, por exemplo: os Caboclos que levam o nome de Pena Branca são sustentados pelos mistérios de Oxalá, e as Caboclas do Tempo por Logunã.

26 | Capítulo 1

PORTAL MINERAL: já este segundo portal vibra ondas eletromagnéticas de amor universal, prosperidade e concepção. Possui o poder da intensidade e das sensações, concebendo em nós a capacidade da renovação através dos sentimentos que fluem de dentro do ser humanizado em sua parte material. Podemos encontrar a presença dessa força divina em minérios como o ouro, a pirita e até mesmo na água, visto que a água mineral é um mineraloide, portanto, possui em sua composição minerais que carregam energias vibracionais deste portal, ligando, assim, dentro da Umbanda, a força mineral que é representada por Oxum e Oxumaré às forças do portal aquático de Iemanjá. Devido a este fator, os espíritos que servem aos Orixás Oxum e Iemanjá são chamados de "povo das águas", pois possuem uma ligação energética em seus portais de atuação. Esta irradiação está presente em vários tipos de minerais, plantas, frutas e animais da natureza que trazem força para este portal e que também está incluso neste *Tarô de Umbanda*. Se manipulados corretamente e em conjunto, esses portais podem trazer soluções para questões materiais, físicas e emocionais. Um exemplo de entidades falangeiras ligadas à Umbanda e que trazem força a este portal é as falange da Vovó Rosa e das Caboclas, como a Cabocla do Rio, que carrega vibrações de Oxum, e toda as falanges de Erês que recebem irradiações de Oxumaré.

PORTAL VEGETAL: nesta vibração eletromagnética podemos encontrar a sustentação no plano material de toda a flora das dimensões físicas que vemos aqui na Terra. As árvores e todas as plantas, desde a semente até a produção dos frutos, existem graças a este portal divino tão poderoso, regente das matas e florestas e que traz em sua irradiação a capacidade de expansão que cada ser possui, concentrando no indivíduo a força para prosperar em todos os sentidos da vida. Dentro da Umbanda, essas forças são trazidas pelos Orixás principais, Oxóssi e Obá, que estimulam nos seres a racionalidade e a concentração, respectivamente.

Assim como os outros portais, este terceiro é extremamente importante, pois possui representações vibracionais palpáveis tão imprescindíveis que representa uma das ferramentas magísticas mais utilizadas na Umbanda, sendo elas as ervas, as frutas e as flores que podemos observar nas oferendas, nos congares, altares e em todos os ritos, não só umbandistas, mas em quase todos os segmentos religiosos! Uma das falanges que carrega a força do portal vegetal são os Caboclos. São eles que recebem essa irradiação que os sustenta e possui entrecruzamento com outras linhas, dando nomes a várias falanges, como, por exemplo, a do Caboclo Pedra Branca, que traz a vibração de Oxóssi e das forças de Xangô e de Oxalá. Já a Cabocla Juremeira é sustentada por Obá. Há inclusive até mesmo Exus que carregam tal vibração, como o Exu Arranca Toco.

PORTAL ÍGNEO: onda vibracional mais quente de todas, sendo responsável por todos os atributos do Planeta que produzem calor e energia, podendo ser encontrado em vários elementos, como no centro da terra em forma de magma. Os mistérios da criação divina são tão vastos que podem ser notados fortemente até dentro do corpo humano, o qual, com base em uma sábia engenharia criacionista, mantém-se aquecido a 36 graus, sendo autossuficiente em sua função através do mecanismo das veias, sangue e órgãos internos, trazendo para o lado material da vida as irradiações energizadoras que equilibram e racionalizam as nossas mais profundas emoções, trazendo-as à luz da razão e queimando nossos desequilíbrios através do ardor daquilo que não realizamos. Este portal libera na consciência daqueles que se conectam a ele a força vibracional da justiça em relação a si mesmo e ao próximo, dando sustentação não só a sentimentos

28 | Capítulo 1

nobres e equilibrados no ser humano, mas trazendo essa força também para pedras como a obsidiana, por exemplo, flores de cores avermelhadas e até em alimentos como o quiabo e o caqui. Dentro da Umbanda, os Orixás que regem e atuam sobre este portal ígneo são Xangô e Oroiná (a Orixá do fogo purificador, também conhecida em alguns cultos como Egunitá). Com sua força dentro dos templos, esses Orixás trazem uma importante proteção contra as investidas de espíritos negativados que se alimentam das desmazelas humanas. Tanto dentro da Umbanda quanto dentro deste oráculo poderoso, a presença da força desses Orixás vai queimar toda a negatividade e auxiliar em todas as injustiças sofridas. Assim como nos outros portais, as falanges que trabalham diretamente com este portal carregam nomes que geralmente lembram tal vibração, como, por exemplo, Exu Pinga Fogo ou Caboclo Pena Vermelha, que são de Xangô, e Cabocla Rompe Fogo.

PORTAL EÓLICO: um dos portais mais fáceis de se identificar neste plano progressivo terreno é o eólico, pois suas ondas vibratórias possuem grande notoriedade em tudo que existe na dimensão terrena. Considerado um dos portais mais perceptivos, seu mistério está intrínseco no ar que respiramos, no incenso e na defumação sagrada que usamos em nossos templo e lares e, assim como em todas as outras irradiações, também podemos encontrar energia eólica em frutas, como a laranja, por exemplo, em plantas e em pedras como o quartzo-citrino.

Na Umbanda, essa força é canalizada através dos Orixás Ogum e Iansã, que por sua vez trazem a conduta correta dentro da lei maior e da justiça divina, ordenando não só o mental dos seres que vivem na dimensão terrena, como também a tudo e a todos que aqui coexistem, direcionando este Planeta para uma senda evolutiva e redirecionando tudo o que estiver em desacordo com as ordens divinas e que não faça parte da vontade divina de Deus ou da vontade de Olorum (nome muito utilizado na Umbanda para se referir a Deus, o Criador). As falanges que são ordenadas por este portal possuem um trabalho imprescindível dentro da Umbanda, pois além de colocar ordem no caos, esta irradiação é responsável pelos espíritos que agem dentro da espiritualidade como soldados do astral, dando sustentação às falanges, como os Exus, Zé Pelintra e Boiadeiros, entre outros, e ainda são responsáveis pela proteção, ordem e encaminhamento de espíritos obsessores e sofredores que habitam em regiões umbralinas. Algumas entidades que trazem tal vibração são o Caboclo Ventania, na força de Iansã, e Caboclo 7 Lanças, com a irradiação de Ogum.

PORTAL TELÚRICO: nessa irradiação podemos encontrar toda a força da transmutação do elemento Terra, que transforma uma minúscula semente em frutíferas árvores, gerando não só alimentos ricos em minerais e proteínas, mas a base para que o ser na Terra tenha um chão firme, podendo sobre ele criar e construir aldeias, povoados e as grandes metrópoles. Dentro dessa vibração encontramos a maleabilidade que a tudo contorna, trazendo cura a quem necessita da transmutação de sentimentos, pensamentos e ações. Nos estudos metafísicos podemos encontrar também os mistérios deste portal e, a partir deste conhecimento, evidenciar a real necessidade da comunhão entre mente, corpo e espírito, para que haja uma transformação celular potente, trazendo cura e equilíbrio, já que uma saúde mental e emocional precária pode adoecer os corpos mais sadios, assim como o oposto pode aflorar o poder telúrico da transmutação que cura e ressarce a alma, o corpo e a mente, gerando paz, tranquilidade e sabedoria.

Na Umbanda moderna este portal é sustentado por Obaluaiê e Nanã, Orixás que carregam a vibração telúrica em sua essência, mas também atuam com irradiações de energias

30 | Capítulo 1

aquáticas, que dão poder à decantação de tudo que for negativo, auxiliando, desta forma, nas passagens da evolução de tudo que se encontra nesta dimensão terrena. As falanges que recebem a regência destes Orixás são nossos amados pretos e pretas velhas, conhecidos como povo das almas dentro da Umbanda, que, com suas mandigas e patuás, ensinam nos Templos ou Terreiros a verdadeira paz e resignação, estimulando na alma do ser encarnado a real evolução. Podemos encontrar a presença energética destes Orixás em frutas como amora e em plantas como barba-de-velho e espinheira-santa, além de pedras como a ametista. A falange da Maria Padilha das Almas, que tem entrecruzamento com Obaluaiê, e Cabocla Juçanã, que traz a irradiação de Nanã-Buruquê, carregam essas poderás vibrações.

PORTAL AQUÁTICO: o último portal estudado aqui irradia ondas eletromagnéticas aquáticas e dá sustentação à dimensão que vivemos, entre outras dimensões. Nele temos toda a atuação da onda vibracional que gera água no Planeta, trazendo maleabilidade e fluidez a tudo que tocar, assim podemos perceber as irradiações deste elemento diretamente em nosso cotidiano, pois é notório a todos que a maior parte da superfície do Planeta Terra é formado por água, mesmo que somente 1% seja própria para consumo. Essa vibração aquática está em tudo, incluindo na composição do corpo humano, sendo essencial para a sobrevivência da vida sobre a Terra.

Na Umbanda, este portal nos chega com a força dos Orixás Iemanjá e Omulu, emanando naqueles que se conectam a eles poderes de energias criacionistas, irradiando, inclusive, a força da imaginação que utilizamos no dia a dia, que provém dos mistérios de Iemanjá. Já Omulu traz o atributo que rege a estabilidade de tudo que existe, afinal, após Iemanjá (a mãe dos Orixás) emanar o poder criacionista na dimensão que estamos, é necessário que esta geração toda se estabilize, para que dessa maneira haja o estímulo da vida que tudo provém e cria, dando sustentação a toda criação divina, seja em qual dimensão essa força geradora e estabilizadora esteja. Podemos encontrar a atuação dessas faculdades aquáticas em frutas como melão, em flores como a rosa branca, em alimentos como manjar de coco e até mesmo em pedras como a turquesa. A energia estável de Omulu pode ser identificada em frutas como banana-da-terra e em ervas como alfavaca-roxa e assa-peixe. As entidades de Umbanda que carregam a força de Omulu são a falange dos Exu Caveiras, e os Caboclos que trazem a força de Iemanjá são o Caboclo do Mar e Cabocla Janaina.

Fazendo um paralelo entre a Umbanda e o vínculo existente entre a força divina da criação (Deus), os Portais e os Orixás podemos perceber então que esta religião, diferente do que os leigos e ignorantes pensam, não tem nada de demoníaca ou foi criada para fazer o mal! Muito pelo contrário, pois se baseia no culto à natureza e a tudo que Olorum (Deus) ou o Divino Criador realizou, trazendo uma organização energética vibracional, espiritual e até mesmo física e científica.

Dentro deste fundamento, trazendo uma comprovação analítica, podemos observar como a Umbanda funciona. Vemos que a base fundamental das ferramentas utilizadas nesta religião pertence aos 7 portais anteriormente citados, que, por sua vez, dão poder não só aos ritos umbandistas, mas também a várias religiões que usam flores, incensos, defumações entre outros mistérios e objetos em comum com a Umbanda, afinal, todos estes elementos possuem em sua essência ondas vibratórias do portais. Isso ocorre porque qualquer Sacerdote, seja de qual seguimento religioso for, sabe que o âmago de Deus está em tudo e todos que ele criou através de tais ondas, que, na sua origem, são energias primárias imperceptíveis a olho nu. Ao colocar, por exemplo, flores no altar de uma igreja, na verdade o Sacerdote está colocando ali a vibração divina vegetal, aquática, telúrica, eólica, cristalina, mineral e ígnea, pois uma planta, assim como tudo sobre a face da Terra, precisa do equilíbrio e da junção de todos os portais da criação divina em harmonia para coexistir.

A Umbanda, em sua ideologia e doutrina, tem como égide a atuação de todos essas forças juntas e de forma intensa, por isso que se escuta muito entre os adeptos a frase: "Umbanda tem fundamentos e não regras", afinal, a forma como cada dirigente ou médium manipula as vibrações de tais elementos pode variar, porém, a base sempre será a mesma, que é a força criacionista de Olorum (Deus). Óbvio que assim como todas as religiões devemos ter um padrão de comportamento, respeito e coerência. Achar que uma erva seca difere, por exemplo, de uma erva verde na sua utilização dentro do rito umbandista mostra falta de estudo, já que o estado que cada elemento se encontra neste plano terreno não altera a essência da sua potência e criação divina, sendo o princípio ativo molecular e energético algo imutável.

Dentro de tudo que foi citado, podemos perceber de maneira mais ampla como a Umbanda funciona e compreender, assim, três dos maiores fundamentos umbandistas, que são as oferendas, os banhos e a defumação.

É notório que tudo que existe sobre a face da Terra possui princípios ativos divinos vibracionais, portanto, quando um umbandista coloca uma fruta, uma flor ou uma comida em sua oferenda, está, na verdade, canalizando os poderes dos sete portais principais da criação divina e suas ondas vibratórias, trazendo para o plano material as forças salutares necessárias para trazer proteção, abertura de caminho, cura, evolução espiritual entre outras coisas.

Gostaria de ressaltar que muitas pessoas procuram nos trabalhos e oferendas umbandistas a solução imediata dos seus problemas, mas isso não funciona assim. Os fundamentos umbandistas não servem para manipular o carma que cada um carrega e necessita expiar, mas, sim, para deixar a caminhada do indivíduo humanizado mais leve, mais fácil. Uma oferenda ou uma defumação podem, na verdade, ajudar a alterar atitudes, limpar ambientes, caminhos, realizar a reforma íntima necessária e revelar situações nocivas provindas de si mesmo ou das pessoas à sua volta. O caráter e a postura de cada médium é o que o torna uma pessoa de sorte. Já os trabalhos espirituais só potencializam o que somos e o que merecemos, nada foge ao sincronismo do Universo, por isso devemos agir de forma modesta, correta e coerente, evitando entrar em brigas ou competições que servem tão somente para inflar o ego do suposto vencedor, afinal, muitas vezes quando pensamos que ganhamos, na verdade estamos nos perdendo!

Outro assunto que devemos desmistificar aqui é a visão limitada que algumas pessoas têm sobre a Umbanda. Muitos até a respeitam como religião, mas dizem que os banhos, as defumações, as ervas e as velas são "bengalas espirituais". Dentro de tudo que já vimos, podemos perceber que, na verdade, essas ferramentas são maneiras fundamentadas de manipular as energias elementais divinas, de maneira que se acelerem certas situações necessárias em busca de auxílio. A Umbanda é uma religião magística e não somente mental, e isso não a torna melhor ou pior que outras, mas somente mais uma via evolutiva, cheia de ferramentas dentre tantas já existentes.

Dentro deste contexto, segue uma maneira de realizar um rito de oferenda propiciatória dentro da Umbanda, de forma correta e com consciência ambiental. O ideal é seguir todo um preparo antes de trabalhar com os elementos físicos de forma religiosa, inclusive, antes de iniciar qualquer rito dentro deste segmento é necessário tomar um banho com ervas em quantidade

34 | Capítulo 1

ímpares. Colocar num banho a quantidade de ervas em números pares anula o efeito magístico delas. Geralmente utilizamos uma, três, cinco ou sete ervas. Após o banho, coloque a roupa mais clara que tiver, se possuir guias pode utilizar também. Dentro das guias ou colares umbandistas está o mistério dos sete círculos e dos sete portais sagrados, tornando tais ferramentas importantíssimas para a proteção e limpeza do médium, até mesmo recolhendo espíritos sofredores e obsessores que por ventura carregamos. Antes de manipular os elementos que serão citados a seguir, coloque-os em uma toalha branca ou azul-clara e lave as mãos e o antebraço com pinga ou com água que foi macerada nas ervas.

Oferenda de Iemanjá para abertura de caminhos

Materiais:

- Uma toalha azul-clara, que é a cor vibracional de Iemanjá, ou branca, caso não tenha azul. O tecido deve ser virgem e após o uso deve ser reservado somente para ritos espirituais.
- Sete velas na cor azul-clara.
- Um manjar de coco, colocado num prato branco, azul-claro ou de barro. Material também novo, que após o uso deverá ficar reservado somente para este fim.
- Sete rosas brancas (caso a pessoa tenha condições financeiras pode colocar um número maior de rosas brancas e até mesmo outros tipos de flores brancas como a gipsófila, que dão à oferenda uma visão majestosa.
- Pegue um melão e o corte de forma harmoniosa, se possível pegue também as frutas: jenipapo, uva branca, maçã verde, pera, goiaba branca e coco verde.
- Um espelho redondo de qualquer tamanho.
- Um perfume de sua preferência.

- Um champanhe claro.
- Sete favas de Iemanjá.[5]
- Folhas grandes de pata-de-vaca.

Modo de preparo e ativação:

Para preparar esta oferenda, disponha todos os elementos de forma harmônica sobre a toalha, que pode ser colocada na frente do seu altar (se possuir um), num local calmo ou onde você tenha o hábito de orar e fazer suas magias positivas. Coloque no centro da toalha o prato escolhido e sobre ele as folhas de pata-de-vaca, então ponha o espelho sobre as folhas com a parte que reflete para cima e um papel branco ou azul-claro com seu pedido escrito a lápis sobre o espelho, só então assente o manjar no prato.

Coloque em volta do prato as favas, as frutas e as flores de maneira bem composta, deixando os elementos sobre o pano proporcionais, como se estivesse arrumando uma mesa para uma bela ceia. As velas ficarão dispostas em forma de círculo, intercaladas com sete copos descartáveis em volta de toda a oferenda. As flores podem ser colocadas num vaso sobre o pano ou diretamente sobre ele.

Ajoelhe-se na frente da sua oferenda, cruze o solo (fazer o sinal da cruz no chão) e diga mentalmente ou em voz alta: "clamo a vós minha mãe Iemanjá que ative suas forças e poderes nesta oferenda propiciatória, transformando-a num portal para que, através dele e dos elementos aqui colocados, sejam irradiadas as mais puras vibrações geradoras de paz, luz, abertura de caminhos, prosperidade e que... (faça o seu pedido que está escrito no papel embaixo do manjar) tudo se realize de acordo com a

---

5. Comida ritual feita com fava cozida e refogada com cebola, camarão, azeite de dendê ou azeite doce.

36 | Capítulo 1

minha necessidade e merecimento e de acordo principalmente com a vontade divina." Após dizer estas palavras, cruze o solo e, se quiser e souber, bata a cabeça para Iemanjá[6]. Borrife um pouco do seu perfume e o coloque junto na oferenda, para pegar as irradiações de Iemanjá. Deixe as velas terminarem de queimar, então vá até a praia ou no pé de uma árvore e coloque lá somente o manjar com as folhas de pata-de-vaca, sem o prato e sem o espelho (inclusive o ideal é forrar o local do despacho com as folhas, por questão de respeito à energia que está sendo manipulada). Sobre as folhas, coloque o manjar. As flores, como foram para uma função propiciatória, podem ser utilizadas para enfeitar o seu lar ou seu local de trabalho, já as frutas podem ser consumidas por toda a família, ao invés de despachadas. O espelho e o perfume também podem ser utilizados como agentes potenciadores da energia ativada no trabalho propiciatório, de maneira que o Axé de Iemanjá será irradiado para tudo e todos.

Um exemplo de banho que pode ser tomado antes de fazer essa oferenda é um que seja energizador e que traga limpeza e equilíbrio para quem for ativar a oferenda. Alfazema, boldo e alecrim podem ser utilizados em um banho que seja do pescoço para baixo ou da cabeça aos pés, lembrando de que nunca se deve ferver as ervas, mas, sim, colocá-las na água já fervida, realizando uma infusão. Tais ervas citadas podem ser jogadas no *ori* ou coroa (cabeça), mas nunca joguem banhos na coroa se não tiver conhecimento das ervas que estão sendo utilizadas. O alecrim, a alfazema e o boldo são universais para banhos de coroa, porém há algumas que não devem ser colocadas, a não ser que haja um trabalho específico a ser realizado para um determinado Orixá.

---

6. Ato de encostar a testa no solo ou sobre um lenço branco, para saudar o Orixá ou guia espiritual,

CAPÍTULO 2

A psicofonia dentro da Umbanda e sua utilização em uma leitura de Tarô

O termo psicofonia é muito utilizado dentro da doutrina kardecista. Como a Umbanda em sua essência é um sincretismo de alguns segmentos religiosos, sendo o kardecismo um deles, podemos usar este termo para explicar e ensinar de forma prática e de fácil compreensão como um médium pode se comunicar através da psicofonia com o mundo espiritual.

Ao ler isso, muitos podem pensar "mas eu não sou médium". Assim como não é necessário ter nascido com o "dom de ler cartas" para entender um oráculo como o *Tarô de Umbanda* – que Deus justo seria este se desse um dom para uns e não desse a mesma oportunidade para outros! –, tenho o prazer em lhe avisar que é possível e que você é um médium sim! Diferente do Candomblé, a Umbanda abre seus ritos para que todos incorporem, desde que o indivíduo esteja disposto a fazer as obrigações de tal função. Segundo o livro dos médiuns escrito por Alan Kardec, somos todos médiuns, o que difere o potencial para se comunicar com o mundo dos espíritos entre um ser humano e outro é o quanto, nesta encarnação ou em encarnações passadas, este indivíduo trabalhou com sua mediunidade, aumentado e ativando, assim, a capacidade da sua glândula pineal, conhecida entre o estudiosos espíritas e espiritualistas como a glândula da mediunidade. Essa glândula é endócrina e está situada no meio do cérebro, na parte do hipotálamo, sendo responsável pela produção de melatonina no corpo humano, regulando o ciclo circadiano (o ciclo do sono), fazendo a pessoa sentir sonolência ao manter a sua mente no escuro e despertar quando a luz e claridade atingem seu cérebro.

Portanto, a glândula pineal, ou epífise, é um agente crono biótico e também um agente mediúnico, já que está conectada pelo hipotálamo ao sistema nervoso e emotivo do corpo humano e aos princípios eletromagnéticos do campo vital. É ela que comanda a troca de energias e de informações do subconsciente mediante a vontade do indivíduo, que libera e recebe com a prática do desenvolvimento mediúnico uma frequência magnética diferente, como se fosse um transformador de energias. Afinal, como a glândula pineal está no hipotálamo, que comanda os princípios eletromagnéticos vitais do corpo humano, essa glândula tem a facilidade de nos conectar às ondas vibratórias eletromagnéticas dos portais da criação divina, cuja vibração chega até nós de forma fracionada pelas entidades de luz e de lei (Caboclos, Pretos-velhos, Exus, etc.) e dos Orixás.

Há muitas pesquisas neste campo, as quais revelam que isso ocorre pelo fato de a glândula ser sensível à luz e também às energias eletromagnéticas externas e sutis, potencializando o envolvimento mediúnico entre médium e espírito comunicante através da melatonina, causando um relaxamento que intensifica a troca de energias eletromagnéticas e, por consequência, a comunicação espiritual. É dessa forma que ocorre o acoplamento mediúnico entre seres encarnados e espirituais, evidenciando facilmente a comunicação com a dimensão dos espíritos no plano da criação divina, tornando a glândula pineal crucial para este processo. Como todo o ser humanizado possui tal glândula,

A psicofonia dentro da Umbanda e sua utilização em uma leitura de Tarô | 39

estudos afirmam que todos os indivíduos sobre a face da Terra são médiuns e podem se conectar sim aos espíritos, desde que desenvolvam tal dom, ou melhor, a sua glândula pineal.

Ainda, segundo alguns estudos, a pineal possui pequenas partículas magnéticas cristalinas que são responsáveis por repelir alguns campos energéticos e absorver outros, de acordo com o estado vibracional em que a pessoa se encontra. Dependendo do grau de desenvolvimento mediúnico, essas partículas se apresentam em maior ou menor quantidade, ou seja, de acordo com a quantidade de partículas cristalinas que a pessoa tiver, isso vai aumentar ou diminuir a capacidade do médium de captar as energias eletromagnéticas, tanto a que irradiamos quanto a que recebemos. Isso explica duas coisas, primeiro o porquê de algumas pessoas possuírem uma mediunidade muito mais aguçada do que outras, podendo já terem nascido com tal capacidade, provavelmente desenvolvida em outras vidas. E, segundo, o aprendizado de como ativar sua glândula pineal, produzindo rapidamente mais partículas cristalinas e, consequentemente, revelando dons mediúnicos que podem variar de dons oníricos (revelação pelos sonhos), psicofonia, psicografia, clariaudiência, clariolfativa, entre outras. Nunca um médium terá todos os dons mediúnicos desenvolvidos e aflorados, um dom sempre será mais evidente que o outro, podendo, no decorrer do seu desenvolvimento mediúnico, aflorar mais dons, aumentando as suas partículas cristalinas.

Um tarólogo, um magista ou um médium, ao ativar e trabalhar mais intensamente com sua glândula pineal, pode aumentar as suas capacidades mediúnicas, sendo a psicofonia um dos canais mediúnicos mais fáceis de se desenvolver, auxiliando muito o oraculista a realizar consultas e leituras com maior maestria, potencializando a comunicação e a assertividade do seu trabalho tarológico. Essa capacidade da mediunidade é a

40 | Capítulo 2

mesma utilizada nas incorporações dentro da Umbanda e do kardecismo, a diferença na incorporação de um para o outro é que, na Umbanda, as entidades de luz e de lei realizam, através das terminações nervosas ligadas ao hipotálamo e a pineal, uma conexão eletromagnética dentro do campo vibracional vital e físico, enquanto no kardecismo essa conexão é feita da mesma maneira, mas se mantém no campo vibracional vital e mental.

Como ativar sua psicofonia?

Como vimos, todos nós somos médiuns, portanto, a capacidade de ouvir espíritos é igual para cada ser humano e pode ser associada não só em uma leitura de oráculos, como também ao nosso dia a dia, afinal, quem nunca sentiu aquela vozinha interior dizendo "não vá por aí" e você foi e se ferrou? Há também aquela pessoa cuja imagem vem do nada em sua mente, e de repente ela liga para você, cruza o seu caminho ou aparece no seu portão? Pois é, todos estes sinais são sinônimos de mediunidade aflorada, entre outros sinais, como calafrios, arrepios, tonturas repentinas e passageiras, sonhos que posteriormente acontecem, suores repentinos (principalmente nas mãos) ver vultos, enfim, posso ficar aqui relatando vários tipos, até mesmo mudanças de humor repentinas sem causa aparente pode ser um sinal mediúnico. Claro que, caso o indivíduo não utilize estes dons de forma correta, poderá não só ter suas capacidades mediúnicas bloqueadas pelos espíritos de luz e de lei, como responder, através do carma, pelo mau uso de tais poderes. Portanto, ao desenvolvê-los, procure sempre ser consciente, justo e honesto consigo mesmo e com os outros.

Há dois tipos de mediunidade psicofonica: a AUDITIVA, ou CLARIAUDIENTE, na qual o médium escuta vozes externas como se houvesse alguém "vivo" no recinto, assim como ele pode, nas incorporações, produzir vozes que não são as suas. Em alguns casos podemos ver pessoas do sexo masculino, por exemplo, falando com voz feminina e vice e versa.

Já o segundo tipo de psicofonia, que pode ser chamada de INTUITIVA ou MENTAL, é considerada a mais comum. Neste caso "vozes" vem à mente do médium como se fosse um pensamento em terceira pessoa. Frases do tipo "você não deve ir a este local" ou "é melhor fazer isso ou aquilo" ou até mesmo "vai ser desta maneira!". Muitos chamam isso de "intuição", realizada por meio da comunicação feita pela psicofonia mediúnica, a qual, quanto mais o indivíduo a desenvolver, maior será sua percepção num oráculo ou até mesmo num trabalho de incorporação dentro do Terreiro. Ouso dizer que muitos médiuns escutam essa "voz" no seu mental e pensam: "devo estar doido(a)", mas não está! O que muitos céticos chamam de "bipolaridade", em alguns casos pode até ser, na verdade, uma mediunidade mau trabalhada ou falta de autoconhecimento mediúnico.

Dentro de todos os tipos de mediunidade há o grau mediúnico, que pode ser CONSCIENTE, INCONSCIENTE ou SEMICONSCIENTE, isso ocorre de acordo com o grau de desenvolvimento da glândula pineal de cada um. A mediunidade inconsciente é raríssima, pois o plano espiritual de luz não vê na atualidade a necessidade de uma transmissão que há 100 anos era necessária para poder falar através dos médiuns sem intervenção dos mesmos. Para não haver erros na mensagem da nova doutrina umbandista que se preparava para expandir, era este o canal usado, porém, como é até hoje, havia muito medo e preconceito em relação a este conhecimento. O que muda na atualidade é que os estudos sobre a mediunidade estão cada vez mais comuns e difundidos em nosso meio, minimizando preconceitos. Por fim, a psicofonia, assim como todos os outros tipos de mediunidade, também possui os graus citados, sendo o consciente o mais comum.

42 | Capítulo 2

Na psicofonia consciente, o indivíduo recebe as mensagens em forma de pensamentos e geralmente fica na dúvida se as frases que estão em sua mente são suas ou das entidades de luz. Essa insegurança acaba atrapalhando grandes médiuns, que por medo de errarem ou falarem asneiras, calam-se diante das informações passadas em seu mental pelos seus poderosos mentores. É justamente tentando que aprendemos a acertar, portanto deem mais atenção aos seus pensamentos, porque eles são, na verdade, palavras etéricas que fluem, além de ser na sua essência, fatores mediúnicos divinos. A mente, além de não ter sua total capacidade conhecida pelo ser humanizado, guarda mistérios e informações que nem a ciência até hoje desvendou!

Para desenvolver a psicofonia de forma eficiente, o indivíduo deve sempre alimentar bons pensamentos, sentimentos e atitudes para manter seu campo áurico limpo, potencializar a mediunidade e facilitar a comunicação dos espíritos de luz, já que os que não possuem luz são muito mais fáceis de sentir. Fazer banhos de ervas regularmente, assim como ter velas e ritos em dia para quem é adepto da Umbanda, além de confiar no que vier na sua mente, ajuda a verificar a veracidade dos recados recebidos pelo seu mental. Posso dizer com conhecimento de causa: prestem mais atenção nessas "mensagens" que vem à sua mente, elas podem salvar vidas, inclusive a sua, visto que a base da obsessão espiritual é também a psicofonia, utilizada, neste caso, de forma destrutiva. Preste mais atenção em você e nas vibrações que o cercam e faça o seguinte exercício mediúnico uma vez por semana:

Peça para uma pessoa escrever num papel uma cor. Em seguida, pede para ela dobrar o papel sem mostrar a ninguém a cor nele inserida. Sem abrir o papel, vá para um local escuro ou na penumbra, coloque uma música suave, faça uma prece e peça aos seus mentores espirituais permissão e proteção para você realizar seu exercício sem interferência e a presença de espíritos negativados que possam atrapalhar. Coloque o papel na sua mão fechada, escute a música, relaxe a mente e se imagine num local agradável, de preferência na natureza, quando estiver bem relaxado peça que os mentores de luz que o assistem naquele momento lhe digam ou mostrem qual a cor que está escrita no papel. Talvez nos primeiros exercícios você não consiga tal conexão ou não consiga acertar a cor, não há problema algum, repita o exercício até acertar, afinal, o que nos torna bons em fazer algo é o ato de exercitar repetidamente. Ao pedir a revelação da cor aos seus mentores, silencie o seu mental de qualquer pensamento para que receba qual é a cor escrita no papel. Há alguns casos nos quais o médium tem dificuldade em ouvir e essa cor pode vir em forma de imagem. Isso não vai deixar de desenvolver a sua capacidade mediúnica, sendo a imagem categorizada na classe de mediunidade de vidência, a segunda mais utilizada para trabalhar com oráculos e incorporações.

Ao receber a sua mensagem revelando qual cor está no papel, não esqueça de agradecer aos mentores de luz por terem amparado você e jamais faça este exercício se estiver, triste, depressivo ou passando por algum stress emocional. Caso isso ocorra, transfira o seu exercício para o dia seguinte. Procure também sempre praticar em locais onde não será interrompido e em horários que você tenha calma e sossego.

Há vários métodos de desenvolver os diversos tipos de mediunidade. Feitos com seriedade, fé na espiritualidade e em si mesmo, esses exercícios podem gerar resultados inimagináveis e auxiliar você, oraculista, leitor, umbandista, mago ou maga a potencializar um dom com o qual nasceu!

CAPÍTULO 3

Como utilizar o seu Tarô de Umbanda

Como este tarô foi criado voltado às práticas de leituras oraculares mais contemporâneas, ele traz formas atípicas, porém complementares para limpar campos energéticos, além de direcionar e prever o futuro. No final de cada carta há dicas para banhos, patuás, amuletos e ativações diversas e específicas de magia religiosa e de magia natural, para que você e todos à sua volta possam potencializar o seu contato com a força criacionista e abranger a funcionabilidade deste oráculo.

A primeira coisa que vamos pautar sobre o manuseio deste tarô é que ele deve ser ativado corretamente. Após a ativação, embrulhe o seu baralho em um lenço ou coloque-o dentro de um saquinho na cor do seu Orixá de cabeça (Orixá ancestre), se souber qual. Ou use a cor do seu signo ou do planeta regente dele. Feito isso, procure sempre guardá-lo no seu altar (seja religioso ou de magia natural). Caso não tenha um altar, pode colocá-lo num local que ninguém mexa. Se sentir no seu coração essa necessidade, monte um altar, que pode ser imantado com magia natural ou de forma religiosa.

O altar com forças magísticas naturais é o tipo que recomendamos, por ser mais simples e mais econômico de montar, basta que a pessoa pegue um recipiente com sal grosso e uma

46 | Capítulo 3

pedra, como um cristal ou qualquer outro tipo de pedra que intuir. Estes dois elementos vão representar o elemento Terra. Pegue também um copo ou uma taça para pôr a energia aquática (água, vinho, etc.), um incenso e um incensário representando a força eólica e, por fim, uma vela (elemento Fogo) na cor do seu signo ou do planeta regente dele.

Disponha no seu altar de magia natural, respectivamente, os quatro elementos básicos da criação divina – Terra, Água, Fogo e Ar –, de maneira que o elemento Terra fique voltado ao ponto cardeal Norte, o elemento Água a Oeste, a vela representado o elemento Fogo ao Sul e o incenso simbolizando o elemento Ar ao Leste. Para ativá-los, em um noite de Lua cheia ou crescente, coloque-os no seu altar, acenda o incenso e diga: "Clamo aos portais do Leste e do Ar que ativem suas forças nestes elementos e neste altar". Repita essa frase com os outros três elementos e passe-os, após ativados, no seu tarô, pedindo que as forças dos elementais deem força e poder ao seu oráculo. Seu baralho então poderá ser guardado neste local.

Já o altar umbandista é um pouco mais complexo para montar. Você vai precisar saber qual o seu Orixá de coroa, ou Orixá ancestre, e qual a regência do povo cigano lhe auxilia nas leituras de cartas. Imagens de Santa Sara Kali, da sua cigana, do seu cigano, uma taça, um incensário, uma adaga, sete fitas nas cores dos portais principais da criação divina (branco, azul-claro, rosa, amarelo, vermelho, azul-escuro e violeta), um porta vela de sete dias e um castiçal para usar vela palito; um vaso para pôr flores, um pote de cobre para pôr moedas (este serve para atrair prosperidade e clientes para o seu oráculo), trigo, canela em pau e pedras semipreciosas são também um boa dica para colocar no seu altar umbandista. Para ser imantado, deve-se sempre respeitar a força da Lua, realizando essa imantação religiosa ou não, nas luas crescente e cheia.

Pegue sete velas nas cores dos portais da criação já citadas, coloque no chão em frente ao local onde será o seu altar umbandista. Coloque todos os itens sobre uma toalha na cor branca (outras duas opções de cores na toalha de imantação é a cor do seu Orixá de coroa ou na cor da regência cigana que o acompanha). Acenda as sete velas, cruze o solo (fazer o sinal da cruz no chão) e diga: "Clamo ao meu Orixá de coroa (diga o nome do Orixá), ao Orixá Orumilá e ao povo cigano que me rege e que imantem suas forças e poderes sobre estes elementos dispostos nesta toalha, que a vós são consagrados, recolhendo e anulando qualquer negatividade. E que após esta limpeza, transforme-os em portais permanentes de proteção e vibrações salutares, que vão abrir meus canais mediúnicos e me direcionar num caminho sempre reto e justo. Amém."

Quando as velas terminarem de queimar, cruze o solo novamente, peça licença e coloque os elementos no seu altar, mantendo sempre uma vela branca de sete dias acesa neste altar, para que seu Orixá de coroa, junto com Orumilá e o povo cigano sempre emanem vibrações de proteção, luz e abertura de caminho a você. No castiçal, coloque uma vela palito na cor da regência do seu povo cigano toda vez que for ler cartas. Na dúvida de qual cor usar, lembre-se sempre de usar o branco, que é uma cor universal contendo em si todas as outras cores.

Você pode usar um destes dois métodos ou qualquer outro que quiser, desde que saiba o que está fazendo. E pode também usar qualquer método que esteja nas páginas finais deste livro e/ou outro que lhe agrade, ou que seus guias espirituais lhe inspirarem. O importante é escolher o método que melhor se adapte às suas necessidades, podendo utilizar mais de um em cada consulta.

Dos oito métodos que você vai encontrar no final do livro, os seis primeiros correspondem a casas que falam dos setores da vida do consulente. Cada casa direciona ao consulente o setor

48 | Capítulo 3

correspondente às suas necessidades, percepções e conselhos, revelando, de acordo com a casa e a lâmina que sair nela, o recado a ser dado para o momento. Já os dois métodos finais, o da Cruz Cármica e o da Mesa Real, não possuem leituras feitas a cada casa, mas uma junção de cartas por coluna a serem interpretadas. É importante enfatizar que, as ativações que cada carta possui ao final dos seus significados devem seguir padrões para preservar o respeito com seres elementais e forças divinas que estão muito além do nosso entendimento.

Este tarô é constituído de 34 lâminas, sendo as 22 primeiras (do 0 ao 21), baseadas no sincretismo dos Arcanos Maiores do Tarô, e as últimas 12 lâminas secundárias (do 22 ao 33) sendo uma adaptação complementar para a leitura, trazendo a representação dos planetas do sistema solar através dos oráculos divinos encarregados de ligar o plano terreno ao espiritual inconsciente. A simbologia astrológica que faz parte da criação divina foi trazida para dentro do jogo, transformando essa ferramenta num portal potente e mais completo, com conexão dos Orixás e dos planetas que estão canalizando as forças do macrocosmo. Caso a sua ativação for baseada na magia religiosa (ou seja, as ativações das primeiras 22 lâminas), é muito importante que o leitor, ao ativar essas magias (que veremos mais adiante), utilize ações de respeito antes e depois de ativá-las, como, por exemplo, cruzar o solo e pedir licença para a divindade em questão, saudando-a. Os elementos que forem despachados na natureza devem ser biodegradáveis. Vivemos em tempos diferentes de quando a Umbanda foi fundada, assim, como tudo evolui, devemos evoluir nossos métodos primitivos. Isso quer dizer que a Umbanda Contemporânea, na qual este tarô está inserido, traz uma maneira de seguir os ritos umbandistas de forma mais consciente. Muitos umbandistas emporcalham a natureza com garrafas de vidro, ceras de vela, etc. Coisas que, com o passar do tempo e no montante em que são despachados na natureza, acabam prejudicando severamente a flora e a fauna terrena. Podemos observar tal ato em festas comemorativas à Iemanjá, que todo início de ano deixa nossas praias muito sujas, algo simples de melhorar utilizando ferramentas que não destruam a natureza. O alguidar[7] pode ser substituído por casca vazia de um melão ou melancia, por exemplo, e os barcos, ao invés de serem jogados ao mar, podem ser descarregados e reutilizados após os ritos e em outros momentos, assim como o espelho para Iemanjá pode voltar para o templos e lares trazendo a proteção da mãe d'água para perto de si – sem contar que a mesma deve ficar muito mais satisfeita com tal atitude. As garrafas, por exemplo, após o rito sagrado, podem ser esvaziadas na terra mesmo, jogando os cascos no lixo. Cuidar da natureza e preservá-la é o maior ato de fé, amor e respeito aos Orixás que alguém pode ter.

Sim, podemos despachar elementos na natureza e seguir nossos ritos, porém eles devem possuir consciência ambiental. O ideal é permanecer no local até que as velas terminem de queimar, ou voltar após um período que determine a ação magística religiosa. Peça licença e recolha o que não for perecível, afinal, a energia é inteligente e as divindades que sustentam a criação são a representação da Inteligência Suprema e Divina, não necessitando do lembrete da sujeira que fica no meio ambiente para que tais poderes divinos (os Orixás) absorvam as vibrações dos elementos utilizados na magia, sendo ela religiosa ou não. Portanto, evitem tais ações, pois a humanidade está sim sobrecarregando a Terra, nossa amada Gaia.

Ao ativar as cartas deste tarô , você deve cruzar o solo, pedir licença e saudar a divindade em questão e os guardiões

---

7. Vaso de barro, madeira ou metal para uso doméstico. O diâmetro da boca é superior ao do seu fundo e serve para, lavar louças ou amassar e repousar alimentos.

50 | Capítulo 3

do local, em casa o não (todo lugar tem dono seja no plano material ou não). Somente após este processo é permitido arriar sua firmeza[8] ou oferenda. Ao recolher ou "levantar" os elementos, repita o procedimento de pedir licença e cruzar o solo. Caso a ativação seja com os Arcanos secundários, que têm suas ativações baseadas em bruxaria natural, ao final de cada ativação deve-se dizer: "Que após os portais ou o portal ativado se realize o que eu determinei, que ele se feche em si. Que assim seja e assim se faça!".

Feito isso, você pode, após o período de cada ativação, recolher os elementos e utilizá-los da forma indicada. Antes de utilizar os objetos em sua magia (religiosa ou não), os que não forem perecíveis devem ser lavados com água e sal grosso ou com pinga. Lave tudo para descarregar de energias anteriores, até mesmo o alguidar pode ser utilizado em oferendas e firmezas feitas na natureza, desde que seja recolhido após o uso.

Para facilitar a interpretação do terapeuta oraculista com as cartas deste tarô, colocamos, ao final de cada lâmina, um direcionamento sobre a energia vibracional do Arcano. Cada Arcano traz seu significado e sua vibração – podendo ser emocional, material ou espiritual. Isso determina a linha intuitiva que o oraculista deve usar e, claro, cartas emocionais podem cair em casas materiais ou sair em perguntas voltadas para a matéria e vice e versa. O que vai fazer a diferença é a junção de significado que quem estiver interpretando fizer. Para que o leitor possa compreender um pouco sobre isso, em cada carta há junções complementares que vão auxiliar no entendimento para somar conhecimento, mas também para o direcionamento e ajuda ao tarólogo na jornada terrena.

---

8. Forma de magia da Umbanda, por meio da qual concentramos uma determinada força ou energia, para que se alcance um objetivo específico.

Como ativar o seu Tarô

Para ativar as vibrações do seu Tarô de Umbanda, basta que pegue uma toalha da cor de sua preferência (ou, na dúvida, use a branca) e coloque sobre ela o seu baralho. Pegue um copo de água (de cachoeira, do mar ou mineral), uma vela na cor do planeta que rege o seu signo, na cor do seu Orixá ancestre (coroa) ou na cor da regência do seu povo cigano, e um incenso. Ponha um pouco de sal também dentro de um recipiente e coloque tudo ao relento numa noite de Lua cheia. Passe o incenso, o sal e a vela sobre o seu baralho e salpique a água sobre ele, pedindo que as forças da natureza imantem suas vibrações no seu tarô, transformando-o num portal oracular poderoso. Deixe os elementos ali com o baralho por três horas e repita o mesmo processo durante o dia, na luz do Sol. Após isso, guarde o baralho como já foi indicado aqui.

Cores do Orixás (Arcanos Maiores):

OXALÁ: branco

LOGUNÃ: azul-escuro

OXUM: rosa ou dourado

OXÓSSI: verde

OBÁ: magenta

XANGÔ: marrom ou vermelho

ORO INÁ: laranja

OGUM: vermelho ou azul-escuro

IANSÃ: amarelo

OBALUAIÊ: violeta

NANÃ: lilás

Iemanjá: azul-claro

Omulu: roxo

Lilith: preto ou vermelho

Pombagira: vermelho

Exu: preto

Baianos: amarelo, laranja ou vermelho

Erês: rosa e azul-claro

Ciganos: todas as cores, menos o preto

Preto-velho: branco, lilás ou violeta

Olorum: branco

Orumilá: verde ou amarelo

Cores dos Arcanos Secundários:

Sol: vermelho ou dourado

Lua: branco ou prata

Mercúrio: amarelo

Vênus: rosa

Marte: vermelho

Júpiter: azul-celeste

Plutão: vermelho

Saturno: preto

Urano: branco

Quíron: verde

Netuno: branco ou prata

CAPÍTULO 4

Análise das cartas do Tarô de Umbanda

0 – Erês

O nome mais conhecido deste Arcano é Cosme e Damião, nas culturas cristãs, e Ibeji na cultura africana, na qual é considerado como a divindade protetora dos gêmeos. Na Umbanda, são mais comumente chamados de Erês e sua imagem é geralmente representada por três crianças, sendo a terceira chamada de Doum – o primeiro filho nascido após o parto dos gêmeos que, segundo conta a lenda, morreu ao nascer. Por este motivo, os outros dois irmãos se tornaram determinados em aprender e praticar medicina. A partir de então, dentro do culto, Doum traz a representatividade das crianças de até sete anos de idade, sendo seu protetor. Os Erês são os guardiões do ponto de força do reino elementar encantado e atuam sobre toda a humanidade. Dentro do jogo, trazem a energia das crianças que nos protegem, gerando alegria, inocência e até um certo comportamento "bobo".

Suas vibrações, como são regidas por Oxumaré e vem representar este Orixá neste oráculo, traz renovação na vida das pessoas, remexendo no âmago do consulente para que sua criança interior possa emergir. Como os Erês trazem a energia de um ser Elemental puro, eles emanam leveza sobre os nossos defeitos e limitações, trazendo grande força ativa que pode ser colocada em ação para a realização dos objetivos no momento, fazendo-nos olhar para qualquer fato com a fé e a inocência de uma criança. Muitas das entidades que representam a força deste Arcano são espíritos antigos com um poder inimaginável, podendo regenerar o perispírito e nos dar conselhos mais maduros do que podemos imaginar. Há quem diga que as imagens dos querubins nas igrejas, na verdade foram aparições destes seres, pois, realmente, na sua essência Elemental pura, lembram anjos infantis.

Como é uma carta ambígua, ao sair num jogo ela revela muitas dúvidas, incertezas e até ansiedade, vibrando dentro do consulente, mas revela também ternura, argúcia, carinho e amor, fazendo os corações mais rígidos amolecerem. A presença desta lâmina no jogo é marcante e desafiadora, pois os Erês fazem referência ao arquétipo infantil humano, de forma que caso o indivíduo não crie "juízo" poderá se perder dentro das suas próprias atitudes, pedindo, inclusive, quando rodeada de cartas negativas, que a pessoa tome certo cuidado com atitudes infantis e impulsivas para não acabar agindo como um louco ou bobo da corte. Assim como a bondade é apontada nesta lâmina, a ingenuidade e a imaturidade também é, tanto que, caso esta carta esteja negativada, pode trazer para a vida da pessoa certo retardamento em seus projetos, bagunças, carências, regressão de conquistas e falta de foco mental, emocional e material.

Quando este Arcano sai rodeado de cartas positivas, emana energias de leveza e alegria, adoçando a vida num sentido geral, retratando que boas notícias estarão chegando em seu caminho, podendo até, dependendo das lâminas à sua volta, representar o nascimento de uma criança. De qualquer forma, pede para que

Análise das cartas do Tarô de Umbanda | 55

o consulente se liberte e solte ou reviva a criança que há dentro de si. Coma doces, solte bolinhas de sabão, vá viajar de repente e assista filmes que lhe façam rir! Desperte a alegria natural que só um ser Elemental infantil sabe irradiar. Deixe suas inibições de lado, e, sem se preocupar com a maldade ou maledicência humana, sem censuras, deixe seu lado mais puro repercutir para entender qual é a mensagem dos Erês para você.

Como um Erê, busque a alegria, tendo a sabedoria de que os limites são impostos por padrões e regras que nem sempre nos cabem. Desta forma, encontre o seu ponto de leveza e alegria. Encontre o seu anima e se fortaleça com a naturalidade de deixar o que lhe é encantado florescer!

A princípio tudo pode parecer ficar de pernas para o ar, mas somente com essa sensação de liberdade será possível conhecer a criança que habita em você, trazendo de imediato uma sensação de felicidade simplesmente em pisar na grama ou em contemplar o nascer do sol, sem se preocupar com a louça para lavar ou a conta que falta pagar. As preocupações não resolvem problemas, pelo contrário, atrasam a solução deles por gerar vibrações negativas, portanto, não permita que seus sonhos ou vontades sejam manipulados pelos deveres e obrigações diárias, transforme a sua rotina em algo livre, é disso que se precisa neste momento.

Os Erês vêm dizer no jogo que cada momento é único e um enigma a ser vivido, assim como o comportamento de um ser infantil, que a qualquer momento pode estar rindo ou chorando. Esta lâmina representa os espaços dentro de nós que precisam ser renovados e não podem ser preenchidos pelo nosso lado adulto, aflorando em nós a necessidade de fazer outras escolhas ou simplesmente ficar de bobeira e mudar aquilo que tira a leveza dos nossos dias. Não se preocupe com os julgamentos das pessoas à sua volta, permita-se ser livre para trazer a alegria

56 | Capítulo 4

e a leveza dos Erês no seu caminho, prepare um banho com alecrim, rosa branca e açúcar e jogue da cabeça aos pés, depois faça um círculo de açúcar num prato branco e virgem e acenda dentro deste prato duas velas, sendo uma rosa e outra azul-clara, e clame à linha dos Erês da Umbanda vibrações de alegria, leveza e renovação na sua vida.

CARTA VIBRACIONAL: material, emocional e espiritual • podendo ser positiva ou negativa, de acordo com os arcanos que saírem junto • arquétipo infantil e ambíguo • vela na cor azul-celeste.

ASPECTOS GERAIS: a criança que habita em nós; nascimento; vocação para cuidar de pessoas; trabalhos ou vibrações com cura; alegrias; inocência; ingenuidade; regeneração; renovação; atitudes impensadas; dúvidas; incertezas; vontade de fazer loucuras; necessidade de amor; perspicácia; sagacidade; bondade; leveza; boas notícias; não ser tão metódico; necessidade de viajar, de passear, de se divertir, de se aventurar; busca por novas experiências ou por liberdade; momentos de liberdade; criatividade; prazeres; espontaneidade; confiança; amorosidade; potenciais criativos; novos impulsos; novas ideias; ansiedade; excentricidade.

ASPECTOS NEGATIVOS: tendência a ser feito de bobo; pressões negativas psicológicas; imaturidade; irresponsabilidade; dúvidas; incertezas; inseguranças; imprudência; atitudes infantis; ingenuidade; atraso em projetos; carências; regressão de conquistas; falta de foco ou de rumo; apatia; dificuldade em assumir a própria identidade; insensatez; loucuras; descuidos; ações impensadas; distrações; negligências; vícios em geral.

JUNÇÕES COMPLEMENTARES: quando na tiragem sai com as cartas 6-Oxum e 3-Iemanjá, sugere fertilidade, gravidez próxima. Já com 24-Mercúrio e 10-Orumilá, significa que há notícias boas chegando e as lâminas que derem sequência podem dizer qual tipo de notícia será. Se sair só com 24-Mercúrio, pode trazer viagem e passeios curtos. Com Arcanos 15-O Exu e 26-Marte, pede cuidado com atitudes impulsivas de agressividade (evite brigas desnecessárias e pense antes de agir). Ao lado de 19-Oxóssi e 07-Iansã, gera muita positividade na vida do indivíduo, trazendo rapidez nos negócios e empreendimentos que darão certo rapidamente. Com as cartas 18-Lilith e 16-Pombagira, revela uma paixão louca que chega na vida da pessoa, mudando tudo ou desestabilizando o ser por dentro.

1 – Olorum

Este Arcano traz a força da criação na vida do consulente, representando a exteriorização do poder de Deus e suas ondas vibracionais, que fluem por nós e em tudo que existe. É o senhor do destino, a energia primária que nos torna magos da própria vida, o nosso potencial original. O início de tudo, multiplicando em nós seus poderes de forma única. Segundo a Bíblia Cristã, tudo o que existe sobre a Terra veio a partir de um sopro divino, incluindo os seres humanos. Já na Gênese Umbandista contemporânea, estes "sopros" são representados pelos sete portais principais e os Orixás, que receberam suas ondas vibratórias sustentadoras de Olorum (Deus) e exteriorizam dessa forma sua criação, dando sustentação a tudo e a todos. Os Orixás reúnem com sua divindade as vibrações de Olorum, que nos amparam e irradiam poderes e dons específicos, sustentando, dessa forma, tudo que existe no Universo.

Também conhecido nas religiões africanas como Olodumarê, Olorum é o senhor supremo, a energia criacionista que gerou *Orum* – a sagrada morada dos Orixás – e é Criador do *Ayê*

58 | Capítulo 4

(Terra), a morada dos seres espirituais humanizados, por isso é a primeira carta do baralho, enquanto os Erês carregam o número 0, representando uma carta que pode ser colocada no início ou no final do seu jogo.

Sem Olorum – o Deus Criador –, nada existiria. Quando sai esta carta numa tiragem, ela representa o divino mistério da vida, que ocorre independentemente da nossa vontade e de suas expressões alquímicas dentro de nós. Olorum representa o Deus vivo, a chama divina que vive no ser humano, que nos guia e emana em nós as mesmas potências divinas supremas, porém de forma minimizada, como se fosse uma faísca dos poderes que há em Deus. Ao ter nos projetado à Sua imagem e semelhança, uma parte do divino Criador vive dentro de cada um de nós. Por ser uma energia criacionista, Olorum representa o Deus, o mago que vive dentro da nossa alma. Suas potências magísticas de criar tudo o que necessita ao seu redor, mostra ao consulente que é momento de despertar e usar isso de forma que o ajude na jornada terrena – praticando a verdadeira magia que há em si, reconhecendo o fluxo do Universo e unindo-se a ele como um todo.

O Arcano 1– Olorum, tem a força de fundir a magia da sua natureza divina com os seus dons humanizados, fazendo com que o Universo vibre a nosso favor de forma harmônica, nem que para isso o consulente tenha que utilizar de elementos magísticos, rituais, banhos de ervas ou até mesmo meditações e orações que elevem o espírito e atraiam para a vida as vibrações necessárias para gerar o que é preciso para o momento.

Lembre-se: você é elemento de transformação e pode alterar o seu mundo exterior e interior através dessa força, você é o(a) mago(a), os instrumentos estão em sua vida à sua disposição, use-os! Reconheça suas capacidades e transforme o medo em liberdade, pois, muitas vezes, o que nos aprisiona são nossos próprios pensamentos e limitações. Esta carta pede que haja

Análise das cartas do Tarô de Umbanda | 59

movimento e vibração de qualquer forma, visto que este Arcano traz esta energia e oportunidades na vida do consulente. Para que isso ocorra, portanto, você deve entrar em sintonia com este movimento e buscar seus ideais, seus sonhos, seu eu verdadeiro. Olorum é a vontade e a intenção divina dentro do homem. Ele nos ajuda a realizar nossos sonhos e nos guia em meio a confusão, seja fora ou dentro do ser, com sincronicidade e maestria, trazendo consciência de suas capacidades físicas, naturais, mentais e espirituais. Procure sempre enxergar o melhor, vislumbre suas profundezas para encontrar a direção de que necessita dentro do seu dia a dia, despertando o semideus existente dentro da sua essência, afinal, fomos feitos à imagem e semelhança da energia criacionista e temos este poder, mesmo que em menor potência. Portanto, a verdadeira maestria deste Arcano é despertar a fé em si mesmo, em Deus ou num propósito único, despertando a força mágica que carregamos.

Para potencializar a força do Arcano Olorum em você, repita em voz alta, todos os dias, em direção ao Leste, a palavra *Tetragrammaton*, três vezes, isso vai abrir canais mediúnicos, portais de luz e canais de conexões com a energia criacionista e a força divina que vibra em você. Outra forma de canalizar essa poderosa força dentro de si é desenhando um Pentagrama numa folha de papel em branco colocando no meio seu nome completo e um pedido para Olorum. Sobre o Pentagrama e o seu nome ponha uma cumbuca branca virgem, com canjica cozida em água, dentro do recipiente. Acenda uma vela branca na frente dessa firmeza pedindo a força, a fé e a proteção de Olorum. (A água da canjica pode ser utilizada como banho da cabeça aos pés e é ótima para acalmar ansiedade e pensamentos de stress).

CARTA VIBRACIONAL: espiritual • positiva • arquétipo masculino e feminino • vela na cor branca.

60 | Capítulo 4

Interpretação Geral: despertar dos dons; início de algo; criatividade; novas oportunidades; momentos de clareza; autoconsciência; fé em si mesmo, em Deus ou em algo; possiblidades a serem exploradas, como habilidades, manifestação de mudanças, retomadas ou início de projetos; transformações, maestria, força para realização de objetivos; despertar do eu, do Deus interior; magia; ação; poder.

Aspectos Negativos: insegurança; falta de fé; charlatanismo; fraude; mentiras; dificuldade para terminar o que começa; falta de concentração; impulso; ansiedade; negacionismo; não admite os próprios defeitos; costuma usar de forma errônea o poder que tem nas mãos.

Junções Complementares: associada a cartas complementares como 27-Júpiter, traz a presença e a força divina de uma forma ou de outra na vida do consulente. Associada à carta 26-Marte, traz força vital e espiritual, com a carta 29-Saturno, traz cobranças internas e, se junto estiver a lâmina 31-Plutão, tais cobranças podem ser cármicas. Com 24-Mercúrio potencializa as capacidades de comunicação com o macro e microcosmo. O mesmo tipo de interpretação será associado à todas as cartas secundárias ou principais, pois quando este Arcano estiver ao lado, por exemplo, da carta 30-Netuno e 5-Oxalá, representa um chamado para os caminhos espiritualistas ou esotéricos. Se na sequência deste Arcano, no entanto, estiver a carta 28-Saturno, revela uma pessoa muito preocupada com assuntos que se refiram à carreira e ao trabalho, podendo deixar de lado um pouco o caminho espiritual.

2 – Nanã Buruquê

No panteão umbandista e africano, Nanã Buruquê ou Buruku é considerada um dos Orixás mais antigos, fazendo parte dos que são ditos como anciões, carregando consigo os antigos mistérios da bruxaria, do poder feminino, da força do útero amadurecido e da terra. É a divindade que acompanha o fim humano na carne e a entrada do espírito no plano astral, assim como também está presente no início da reencarnação dos seres terrenos, visto que, por ser a divindade que rege os mistérios da memória, as energias de Nanã estão no início e no final da nossa existência. As características deste Orixá, assim como as de Oxum e Iemanjá, expressam, dentro dos seus mistérios, o poder das Iyamis Oxorongás, trazendo na força desta lâmina todo o poder feminino do culto ancestral e da feitiçaria. É a força feminina dentro da sua ancestralidade.

Para usar as influências dessa divindade em sua vida, deve-se fazer ferramentas de madeira ou de barro e consagrá-las à Nanã. Este Arcano representa a força feminina (mesmo que o consulente for homem) que busca o crescimento, a independência, a obstinação, a sensibilidade, a soberania e a benevolência que nos torna fortes, trazendo mais maleabilidade em lidar com os acontecimentos da vida, seja por meio de feitiços, seja pela sabedoria da idade.

Ao sair em um jogo, este Arcano representa o momento de observar o microcosmo para descobrir mistérios e respostas pessoais, buscando o autoconhecimento e valorizando a experiência que só a maturidade e o envelhecimento trazem. É momento de silenciar e deixar que a sabedoria aflore, para entender a maleabilidade da água (da vida), mesmo que seja a água parada na

62 | Capítulo 4

beira de uma lagoa. Dessa forma, Nanã Buruquê traz a energia da sacerdotisa e o poder da feitiçaria na vida do consulente, aconselhando, caso necessário, que ele aprenda a utilizar as forças místicas que possui e estão à sua disposição, como as fases da Lua, orações de proteção, a utilização de livros e práticas que o ensinem a lidar com cristais e a manipular as energias, além de elementos necessários para dar o próximo passo rumo a um futuro mais consciente e tranquilo. Por vezes, ao sair para o consulente, pode representar que tais práticas místicas estão adormecidas, como alguém que deixa de cuidar da sua espiritualidade e necessita retomar, permitindo que a(o) bruxa(o) interior reapareça.

Aprenda a escutar o seu coração e a sua intuição no silêncio da sua mente. A intuição é uma força feminina, mas pode e deve ser utilizada por qualquer ser, desde que queira. A pausa e o movimento lento são necessários neste momento, procure meditar, mesmo que sua mente esteja num turbilhão de pensamentos. Esta carta pede para que você observe mais e fale menos, mas que principalmente policie o que pensa e busque paciência e amor, para si mesmo ou para os outros. Dê uma pausa nos afazeres ou nas pessoas que lhe tiram a calma ou a paz da alma, nem que seja mentalmente... afaste-se! Nanã Buruquê é a senhora da senilidade, como o seu mistério é o esquecimento, quando sai em um jogo pode também representar que o consulente deve esquecer o que passou e viver dali em diante para compreender melhor a sua jornada.

Este Arcano, além de representar a intuição, traz o que está no inconsciente de cada um, mostrando, dependendo das outras cartas que saírem, o que precisa ser aflorado na consciência do consulente para que seus caminhos melhorem. Ele pode estar estagnado na sua evolução, em um ou em vários setores da sua vida, podendo trazer um discernimento maior para questões que podem estar paradas.

Para ativar as vibrações de limpeza e a sabedoria de Nanã Buruquê em você, basta pegar um ovo cru, colocar dentro de um recipiente e fazer três cruzes nele com uma pemba[9] branca. Acenda, na frente do ovo, uma vela na cor lilás ou branca e peça para que você seja purificado, peça para que as portas da sabedoria do silêncio e da maturidade se abram sobre você. Quando a vela terminar, coloque o ovo no pé de uma árvore ou de preferência na beira de um rio. Coloque os restos da vela no lixo e o recipiente pode ser limpo e guardado.

CARTA VIBRACIONAL: espiritual e emocional • podendo ser positiva ou negativa de acordo com os Arcanos que saírem junto • arquétipo feminino e ambíguo • vela na cor lilás.

INTERPRETAÇÃO GERAL: necessidade de silêncio interior; sabedoria; mistérios; entendimento mais profundo; intuição; discernimento; maturidade; maleabilidade; feitiçaria; bruxaria; momento de parar e ouvir a intuição; reflexão; capacidade ou necessidade de decantar forças negativas; interesse pelo oculto, pelo esoterismo e pela espiritualidade.

ASPECTOS NEGATIVOS: estagnação; lentidão; letargia diante das dificuldades; falta de jogo de cintura; superficialidade; falta de lealdade; dissimulação; arrogância; egoísmo e ataques de magia negativa.

JUNÇÕES COMPLEMENTARES: associada à carta 22-Sol traz bastante confiança em si mesmo, só devendo tomar cuidado com excessos, principalmente do ego. Se sair cartas positivas com estes dois Arcanos pode representar vitória sobre suas limitações e trazer realizações positivas. Com cartas negativas gera "cegueira", arrogância, egocentrismo e até falta de fé. Com

---

9. Giz de formato cônico-arredondada feito de calcário, que pode ter diferentes cores, usado ritualisticamente em religiões afro-brasileiras como o Candomblé, a Umbanda, a Quimbanda e a Quiumbanda.

a carta 28-Saturno traz profundidade e facilidades de trabalhar a intuição, se junto tiver a carta 12-Preto-velho, traz introspeção e cobranças. Associado ao Arcano 31-Plutão e, na sequência, junto a 28-Saturno e 15-Exu ou 18-Lilith significa que há magias negativas ativadas contra o indivíduo. Já quando este Arcano sai com as lâminas 24-Mercúrio e 27-Júpiter, pode representar a necessidade de estudar. Se na sequência tiver a carta 5-Oxalá, este estudo pode ser espiritual, assim como utilizar de suas capacidades mediúnicas e desenvolvê-las. Com 18-Lilith e 28-Saturno representa forças como as de Iyamis Oxorongás ou forças semelhantes, atrapalhando a vida do consulente.

3 – Iemanjá

Iemanjá representa a vida e sua fonte geradora, dando sustentação para os mistérios do nascimento. Esta carta representa a água que vivifica e os sentimentos gerados por ela. Emana fecundidade e fertilidade, simbolizando a mãe propriamente dita. A água do mar é regida por essa divindade e tem o poder de curar enfermidades do espírito e às vezes até do corpo, queimando larvas astrais e irradiando energias purificadoras para o nosso organismo. Como é uma energia geradora, este Arcano traz criatividade para a vida do consulente e seu espelho divino reflete o íntimo de cada um, capacitando o indivíduo a gerar em seu caminho tudo que necessitar, e ainda fundir em si qualquer dom, potencializando-o fisicamente, espiritualmente ou emocionalmente. As cartas que saírem ao redor mostrarão qual o dom ou a necessidade e a solução desejada.

Ao aparecer numa tiragem, este Arcano representa abundância e crescimento nos caminhos da pessoa. Ajuda-nos a realizar nossos sonhos e nos dá impulso para a produtividade e a percepção de dias melhores. Indica a chegada de uma nova fase, melhor e mais fértil, podendo ser em qualquer setor da sua vida, já que a força geradora desta carta é implacável e pode estar se referindo desde a um casamento a um nascimento, ou até mesmo, caso estiver associada a cartas que indiquem dinheiro, a um novo emprego ou a uma nova sociedade promissora.

Iemanjá é a grande mãe, respeitada e carinhosa, representando o estado maternal e a fertilidade. Irradia também higienização mental para o consulente e a vontade de cuidar de si e do seu próximo, trazendo à tona sentimentos que nos fazem vibrar energias positivas em nossa vida e a necessidade de produção, prosperidade, riquezas e fartura, vibrações que este Arcano emite naturalmente. A produtividade é algo necessário para todos os aspectos em nosso crescimento nesta jornada terrena.

Este Arcano traz o despertar na vida do consulente para cuidar melhor da sua aparência e de si, trazendo autoestima e fazendo com que a pessoa se enxergue com os olhos da alma. Esta carta é uma influência muito benéfica quando está em evidência em um oráculo. Emana energias de otimismo, traz diplomacia para resolução de conflitos e mostra o auxílio de forças externas positivas caso a pessoa esteja passando por momentos difíceis, afinal, o mar de Iemanjá tudo leva e tudo traz com suas incessantes ondas da vida.

Trazendo a força do mar para dentro de nós, as energias de Iemanjá são potencializadas no seu caminho. Para trazer a força geradora para dentro do seu lar e de si mesmo, pegue uma concha (de preferência na praia, mas também pode ser comprada). Faça um círculo de sal grosso e coloque a concha e uma vela azul-clara dentro dele. Peça para que as forças geradoras de fertilidade, saúde e prosperidade se façam presentes em sua vida. Depois pendure essa concha na sua casa, próximo à porta de entrada. Antes de realizar este ritual religioso magístico, tome um banho de alfazema da cabeça aos pés, para gerar em sua vida acontecimentos e sentimentos positivos.

CARTA VIBRACIONAL: emocional • positiva • arquétipo feminino • vela na cor azul-clara.

INTERPRETAÇÃO GERAL: fertilidade; maternidade; gravidez; abundância; criatividade; prazer; beleza; alegria; conforto; generosidade; movimento; libertação de períodos difíceis; equilíbrio nas emoções; jogo de cintura diante das situações; sucesso em todos os setores; potencial para o sucesso em novos projetos; vibrações positivas nos sete sentidos da vida.

ASPECTOS NEGATIVOS: atitudes insensatas; frieza; superficialidade; orgulho desmedido; narcisismo; tendência a valorizar futilidades; esterilidade; improdutividade; infertilidade; dependências químicas e emocionais; tendência à preguiça; angústias. Associada à carta Lua e à carta Pombagira, representa fortes tendências sexuais.

JUNÇÕES COMPLEMENTARES: quando esta carta sai associada ao Arcano 28-Saturno, mostra dificuldade em lidar com situações desagradáveis, mudanças e obstáculos, apesar do potencial que o consulente apresenta. Ao lado da carta 25-Vênus, traz fortes tendências do indivíduo em querer constituir família, ter filhos e se apaixonar. Caso esteja junto ao Arcano 26-Marte, a pessoa deve evitar entrar em brigas e discussões desnecessárias. Com a lâmina 32-Quíron, tendência de cuidar mais dos outros do que de si mesmo, como uma grande mãe.

4 – Ogum

Esta carta representa a divindade que emana a lei e a ordem divina. Ogum é o comandante das milícias celestes, o guardião vigilante de todos os caminhos e seres, responsável pela organização de tudo que existe em todas as dimensões e realidades divinas. É pura energia, ora atrativa, ora repulsiva, de acordo com o brandir da sua espada eólica. Ogum também é o guardião dos pontos de força de equilíbrio, como o positivo e o negativo, a paz e a discórdia, pois é o Arcano que nos avisa quando saímos da linha do equilíbrio e, como um pai zeloso nos reequilibra quando necessário.

Como é guardião dos pontos de equilíbrio, Ogum comanda as forças que atuam como agentes cármicos. Se esta carta sair próxima à lâmina de Saturno, pode representar cobranças cármicas dentro do momento que o consulente esteja vivendo. Se houver trabalhos realizados com magia negativa, este Arcano vai mostrar e cobrar dos devedores de tal ato errôneo, cortando todo o mal pela raiz. Ogum não permite que nenhum ato realizado fora da lei divina fique impune e traz consigo, ao sair num jogo, o fator revelador, trazendo à tona a necessidade de cortar e afastar toda a negatividade.

Associado ao poder, à noção de responsabilidade diante da vida e à importância do caráter, como uma lei que deve ser sempre cumprida à risca, traz para a vida da pessoa a coragem e a determinação para superar situações difíceis, cortando com a força da sua espada todos os medos e males do caminho, revelando forças para que a capacidade de concretizar os sonhos do consulente possa surgir de forma sincrônica, ajudando a ter praticidade e objetividade diante de qualquer acontecimento.

68 | Capítulo 4

A majestosa presença de Ogum no seu jogo vai colocar ordem em qualquer confusão que aconteça e a capacidade e o poder de realizar com totalidade seus desejos, desde que esteja rodeado de cartas positivas, pedindo apenas para que o consulente tome cuidado com excessos e com a necessidade de fazer tudo de forma muito metódica, tornando-se exigente demais consigo mesmo e com os outros, pois somos todos falhos e a perfeição não consiste em jamais errar, mas, sim, em aprender a cada tropeço.

Esta carta representa o conquistador, o soldado, o guardião, o vigilante, o lutador que vence batalhas! Sua presença no jogo nos ensina, de uma forma ou de outra, a nos tornarmos guerreiros e seres humanos melhores, pois a lei divina que ela representa é implacável e alcança a tudo e a todos, sempre.

Quando estiver em evidência em uma tiragem, traz a destreza de saber ousar e calar no momento oportuno para conseguir as suas conquistas, enfrentando a vida com os seus próprios recursos e com a ética que este Arcano exige. Na realidade, o verdadeiro e melhor guerreiro é aquele que é justo no campo de batalha. Caso o consulente aja dessa maneira, com integridade e objetividade, a vitória será certa em sua jornada. Esta é uma carta que traz a luta, porém também a conquista. Uma energia paternal vibra no jogo, trazendo a vontade de ser sempre o protetor, o provedor de algo ou de alguém.

Para receber as vibrações deste poderoso Arcano em sua vida, coloque em um prato de cerâmica branca 21 favas de Ogum e faça um círculo com elas, acendendo no meio uma vela vermelha. Peça para Ogum abrir seus caminhos e trazer a vitória, cortando todos os males. Quando a vela terminar de queimar, pegue as favas, coloque em um saquinho vermelho e use como patuá[10].

---

10. Amuleto feito de um pequeno pedaço de tecido onde é colocado um determinado preparo de ervas e outras substâncias atribuídas a cada Orixá.

CARTA VIBRACIONAL: material • positiva • arquétipo masculino • vela nas cores vermelha ou azul-escura.

INTERPRETAÇÃO GERAL: conquistas; vitórias; construção e realizações de suas metas; caminhos abertos; liderança; organização; revelações; potência para realizar objetivos; despertar do guerreiro dentro de si e suas forças internas; estabilidade; estrutura; sensação de poder; autoridade; impulsos para a liderança e comando; paternidade; energia para as lutas diárias.

ASPECTOS NEGATIVOS: tirania; rigidez; inflexibilidade; controle por meios escusos; tendência a crueldade; abuso de poder; falta de liderança e de organização; indisciplina; egoísmo; ganância; caráter fraco; imaturidade e impulsividade.

JUNÇÕES COMPLEMENTARES: associado à carta 26-Marte, pode trazer um espírito forte e competitivo, mas se estiverem rodeados de cartas positivas, estes dois Arcanos juntos trazem vitórias e conquistas na certa. Se forem cartas negativas, o consulente deve se precaver de atitudes mesquinhas de despotismo e ações impulsivas e agressivas. Associado ao Arcano 29-Urano, trará para a vida do consulente inovações, novidades e a vontade de ser livre e independente, além de mudanças radicais e inesperadas. Já acompanhado das lâminas 28-Saturno, 23-A Lua e 32-Quíron, pode trazer para a vida do consulente dificuldades para desapegar do passado e curar suas próprias feridas. Com a carta 24-Mercúrio e 16-Pombagira, traz muita dualidade e ansiedade, pedindo para que o consulente desacelere a mente para compreender melhor os seus passos, a sua jornada.

5 – Oxalá

Esta lâmina representa a energia e nosso elo com o ser supremo Criador, chamado Olorum pelos umbandistas, Deus para os cristãos e Jeová para outros, enfim, é o pensamento divino em nós, despertando a necessidade de nos tornarmos seres humanos melhores por meio, ou não, da religiosidade, inclusive irradiando a vontade de auxiliar o próximo. É a personificação de um dos pilares essenciais que fortalecem o ser: a fé. A sintonia com Olorum, através da fé, gera em torno do indivíduo um campo magnético de proteção, paz, paciência e equilíbrio, trazendo força mental e espiritual, emanando a sensação de plenitude conforme o ser se abre para sentimentos e ações mais nobres.

Oxalá traz a pureza e a manifestação do bem na vida de quem está realizando o jogo de cartas. Está associado à brancura. Portador da benevolência, da sabedoria, da inteligência, ele é engenhoso e irradia o poder do perdão, trazendo em si a força da procriação e a capacidade de perdoar a tudo e a todos. Representa também o elo entre o mundo físico e o espiritual. Através dos pensamentos e da meditações, carrega o aprendizado em usar uma ponte invisível entre este e o outro mundo, trazendo a necessidade da busca espiritual dentro e fora de si, salientando em nós as nossas crenças e ideologias, assim como a necessidade de respostas para a razão maior em nossa jornada, em nossa missão terrena. Oxalá faz o indivíduo reconhecer a centelha divina em sua alma. Esta lâmina emana consciência, lealdade, paz, sabedoria e a ação de perdoar, acalmando e silenciando os seus pensamentos para que, com tranquilidade e resignação, você caminhe.

Análise das cartas do Tarô de Umbanda | 71

Quando esta carta aparece, pode representar a resignação e a humildade sendo irradiadas para a pessoa. Dependendo das cartas em volta, pode representar o oposto: a falta da fé em si ou em algo maior, como a existência de um ser divino, abalando a sua confiança e a autoestima. Também direciona para que o consulente procure o Deus que há dentro dele, para que dê menos atenção à matéria, aprofundando-se em seu espírito para buscar respostas que muitas vezes já estão, há muito tempo, guardadas em seu Eu Superior. Pode representar até mesmo um chamado para algo num sentido mais elevado espiritualmente e filosoficamente, como um analista, um terapeuta, um sacerdote ou um psicólogo.

Ao sair num jogo, a lâmina de Oxalá irradia mais seriedade e maturidade na vida do consulente, trazendo harmonia, tranquilidade e calma, equilibrando a sua mente, agregando passividade e fé em todos os sentidos da vida, atraindo a necessidade e a capacidade de nos tornarmos seres humanos mais evoluídos. Ela nos dá o recado de que tudo ficará bem, seja qual for a turbulência a ser enfrentada, dissipando qualquer nuvem escura, trazendo muita esperança, determinação e luz em sua jornada. Procure tirar lições positivas das suas experiências terrenas e trabalhe a solidariedade, assim tudo vai fluir em paz nos seus caminhos, pois a proteção divina guia pela fé, em si mesmo ou no Criador.

Uma forma de se conectar à essa energia inspiradora de Oxalá é pegar um copo virgem e transparente, por água mineral dentro e cobrir o copo com um pedaço de pano branco. Acenda uma vela branca na frente deste copo e clame para que essa poderosa divindade cubra seu lar e seus entes queridos com os mistérios do seu manto sagrado, trazendo, fé, proteção, etc. Ao terminar de queimar a vela, beba a água mentalizando seus pedidos. Para potencializar a ação deste Orixá em seu caminho, pode-se também tomar banho de boldo da cabeça aos pés por três dias seguidos.

CARTA VIBRACIONAL: espiritual e positiva • arquétipo masculino • vela na cor branca.

INTERPRETAÇÃO GERAL: caráter forte; força para congregar com os outros; fé; espiritualidade; vontade de buscar valores elevados; filosofia; reflexão; busca e necessidade de paz interior; planejamento de realizações futuras; ajuda para encontrar o poder divino dentro de si; desejo de participar de ritos, cultos ou de adentrar em alguma religião; harmonia; paz; equilíbrio; aviso de bênçãos chegando e de que tudo ficará bem.

ASPECTOS NEGATIVOS: falta de fé em si mesmo, nos outros ou em Deus; pensamentos tumultuados; falta de clareza mental; repressão; intolerância; reveses na vida; desarmonia; medos; insegurança; falta de caráter; uso de meios ilícitos para conseguir algo; projetos que não prosperam; moralismo extremista; negligência; preconceito. Dependendo das cartas do jogo, pode haver tendências a praticar atos, cultos ou magias negativas.

JUNÇÕES COMPLEMENTARES: se esta carta estiver acompanhada da lâmina 29-Urano e 31-Plutão, representa grandes e inesperadas mudanças no seu caminho, trazendo conflitos caso não se permita ser flexível diante destas mudanças, mostrando que o indivíduo pode passar por momentos de muita reflexão. Se estiver associada ao Arcano 28-Saturno, trará muita seriedade e profundidade em assuntos religiosos ou em qualquer outro setor, emanando austeridade. Com a carta 1-Olorum, mostra uma pessoa cheia de fé e que deve procurar ouvir o seu Deus interior. Na sequência de 32-Quíron, significa que o indivíduo pode ter dons terapêuticos.

6 – Oxum

Este Arcano representa o amor e os caminhos que nos levam a buscar este sentimento dentro e fora de nós. Ao aparecer em um jogo, emana prosperidade, riqueza, bom gosto e a tendência de gostar das artes clássicas e coisas do gênero. Traz a força da concepção e do enlace, que é a energia latente nos casais apaixonados, representando a força envolvente da paixão e da beleza que encanta. A energia que esta carta projeta neste oráculo é irradiada para o consulente mediante a capacidade que cada um tem de desenvolver as mais nobres virtudes humanas de compreensão, tolerância, amor universal e paciência. Essa energia concebe dentro de nós um sentimento de fraternidade, doação e união fraternal ou matrimonial. Ao sair em uma tiragem, este Arcano transmite uma camada vibracional que estrutura sentimentos puros, como a vontade e a necessidade de amar a si e aos outros, ou até mesmo algo como uma religião, um novo ofício ou um novo amor.

Como esta lâmina também estimula a vontade e o desejo de uniões materiais, conjugais ou espirituais, ao sair no jogo ela pode representar o aumento da libido, facilitando as concepções, principalmente se associada a carta de Iemanjá e da Pombagira, podendo representar possível gravidez. Porém, se sair ao lado das cartas Pombagira, Lilith e Urano, traz a escolha entre dois caminhos ou duas pessoas na vida emocional do consulente. A presença do Arcano Oxum sem dúvida irradia fartura, prosperidade, fertilização e enriquecimento em todos os setores da vida. Intensifica todo e qualquer sentimento, trazendo emoção para a racionalidade.

Oxum dentro do oráculo faz referência ao livre-arbítrio e a necessidade de escolhas em nossa jornada. Escolher entre dois caminhos ou entre dois amores? Seguir sozinho ou acompanhado? Casamento ou namoro? Uniões estáveis ou amor livre? Evocando a importância de seguir seus instintos e o seu coração mediante suas decisões e escolhas individuais. Assim, no nível adivinhatório, este Arcano sempre vai evocar a necessidade da escolha, seja entre parceiros amorosos, seja entre dois trabalhos, seja até mesmo nas suas atitudes, pois tais escolhas estão sendo processadas pelo próprio indivíduo e estão intrínsecas na sua jornada evolutiva e na vontade de mudar, de amar, de somar e de se unir ao todo.

Como divindade regente das cachoeiras e dos minérios, esta carta, quando rodeada de outras positivas, pode representar lucros inesperados, bons negócios, novos amores, novos amantes, relacionamentos intensos como a força das águas doces que são sustentadas por Oxum. Assim como as cachoeiras, a energia de Oxum gera fascínio, graciosidade em nossas almas e uma sensação única de mergulhar e se entregar às suas águas límpidas, como se entrega à uma grande paixão. O espelho de Oxum reflete o nosso amor-próprio, o despertar da beleza interior, exterior e dos sentimentos ocultos que estão refletidos dentro de nós, mostrando o quão ambíguo e intenso o ser humanizado pode ser.

Para despertar as forças de Oxum no seu caminho, a pessoa deve pegar sete pedras: uma pirita, um quartzo-rosa, uma ametista, um cristal, um quartzo-citrino, uma ágata-azul e uma ágata-verde. Coloque as pedras em forma de círculo dentro de um recipiente de barro e acenda uma vela dourada no meio das pedras, salpique com um pouco de água mineral ou de cachoeira e peça para que Oxum imante suas vibrações sobre aqueles elementos. Faça seus pedidos, guarde este recipiente com as

Análise das cartas do Tarô de Umbanda | 75

pedras em um local sagrado e toda vez que necessitar da ajuda dessa poderosa divindade, basta acender a vela na cor dourada, rosa ou branca para este Orixá dentro da panela de barro.

CARTA VIBRACIONAL: emocional • podendo ser positiva ou negativa de acordo com os Arcanos que saírem juntos • arquétipo feminino e ambíguo • vela nas cores rosa ou dourada.

INTERPRETAÇÃO GERAL: casamento; uniões; namoros; novos amores; livre-arbítrio; necessidade de escolhas; responsabilidade; decisões necessárias; amor sincero; novos relacionamentos; afeto; atração; sexualidade; oportunidades; riquezas; prosperidade; realizações materiais e responsabilidades de forma positiva; vontade de se cuidar; beleza natural, elegância; sensualidade; fecundidade; possibilidade de gestação; atração física forte.

ASPECTOS NEGATIVOS: ciúmes; possessividade; vaidade; teimosia; atitudes maquiavélicas; separações; traições; obsessão; infidelidade; medo de compromisso; medo de amar; perda de amor; falta de amor-próprio; sofrimento amoroso; dúvidas; frustração; irresponsabilidade; ambiguidade; relacionamentos ruins.

JUNÇÕES COMPLEMENTARES: quando este Arcano sai associado com as cartas 25-Vênus, 3-Iemanjá e 22-Sol, pode representar casamento em breve e filhos, já ao lado de cartas como 15-Exu, 16-Pombagira e 18-Lilith, pode representar traições, excessos e falta de autocontrole sexual e emocional. Quando na tiragem está com as lâminas 27-Júpiter e 4-Ogum, pode representar uma nova e próspera oportunidade de trabalho.

7 – Iansã

Nesta carta trazemos a força eólica da orientação, os ventos que suavizam ou destroem com os seus furacões.

A energia eólica é como um carro desgovernado, ninguém segura a sua força, assim como não se pode deter um raio ao cair do céu. Como é uma divindade ligada ao movimento, ventos e direções, ao sair em uma tiragem pode representar viagem longa ou próxima, de acordo com as cartas que saírem juntas.

Quando sai em um jogo, esta lâmina traz mudanças. A senhora dos ventos, dos raios e das tempestades não permite que nada seja imutável dentro dos seus domínios, tudo deve ser redirecionado, essa é a lei de Iansã. Durante todo o tempo ela nos conduz para outros aprendizados de acordo com a necessidade evolutiva do ser humanizado e, caso o indivíduo não esteja num caminho reto e justo, este Arcano representa as divinas mãos de Deus, que nos recoloca no caminho correto, se for necessário.

O excesso dessa energia eólica, se este Arcano estiver associado a cartas negativas, pode gerar ansiedade, desequilíbrio emocional e mental e brigas, podendo nos tornar aéreos e emotivos, densos e bitolados. Porém, se rodeada de cartas positivas, emana uma vibração elevada de guerrilha para a vida da pessoa, aflorando na alma o instinto da guerreira Iansã e da sobrevivência, impondo coragem e revelando potenciais dentro do ser.

Ao estar numa tiragem, esta lâmina vem trazer proteção contra os *eguns* (espíritos negativos), principalmente se estiver ao lado do Arcano Obaluaiê, recolhendo todos os espíritos negativados e sofredores que estiverem com o consulente, desde que ele se conecte com o portal dessa divindade e peça sua proteção (conforme ritual que veremos no final deste texto). Também representa sucesso e triunfo, assim como a capacidade de chegar a qualquer lugar. A conquista é a vibração desta carta. Iansã nos dá o poder de segurar as rédeas da nossa vida, da mesma maneira que ela segura seus raios, com firmeza e precisão. Não haverá obstáculos ou desafios que o indivíduo não possa vencer quando essa energia sai associada a cartas positivas.

Sendo uma Orixá guerreira e que atua sobre boas vibrações, traz para a pessoa um comportamento exigente, temperamental, irrequieto. Por ser altiva, ela emana energias de conquista, dominação e, às vezes, agressividade, tendo tendência a controlar as pessoas ou fatos à sua volta. O indivíduo com Iansã em evidência no jogo deve tomar cuidado com atitudes superficiais e com a dificuldade de se prender a um lugar ou situações, já que este Arcano emana a necessidade de mudar sempre, tornando o que é convencional não muito atrativo.

Esta divindade nos ensina de um jeito ou de outro a ter equilíbrio entre o intelecto e o instinto, entre a razão e a emoção, para não nos tornamos escravos dos excessos emocionais, desenvolvendo a persistência de seguir em frente. E também anuncia suas implacáveis mudanças e faz entender que, se houver reviravoltas causadas por Iansã, são como carruagens divinas que nos guiam para as oportunidades de encontrarmos nossa verdade interior, afinal, após a tempestade sempre vem a bonança!

Uma forma simples para ativar as forças deste Arcano e afastar *eguns* do seu caminho é pôr em um prato fundo uma vela amarela (em pé), forrar o fundo do prato com água mineral ou água de chuva e salpicar enxofre (cuidado ao manipular o enxofre, pois o mesmo é prejudicial à saúde, procure usar uma colher para colocar o elemento) por cima da água até cobri-la toda com este pó amarelo. Então, acenda a vela e clame que

Iansã recolha todos os espíritos e energias negativas da sua vida e que irradie com seus raios muito sucesso, triunfo e prosperidade. Quando a vela terminar de queimar, jogue tudo no lixo e certifique-se de que os coletores levem tudo embora. **CARTA VIBRACIONAL:** material • positiva • arquétipo feminino • vela na cor amarela. Em alguns casos aceita vermelha ou branca.

INTERPRETAÇÃO GERAL: movimento; mudanças; novos acontecimentos e empreendimentos; superação de obstáculos; confiança; coragem; triunfo; conquistas; agilidade; determinação; sucesso; vitória; viagens; realização de objetivos; batalhas; condução divina; determinação; progresso.

ASPECTOS NEGATIVOS: rodeada de cartas densas pode representar *eguns* atrapalhando a vida da pessoa. Ansiedade; inquietação superficialidade; brigas em excesso; agressividade; ignorância; ciúmes exacerbado; sentimento de derrota; perda do autocontrole; despotismo; stress; agressividade; atitudes desequilibradas; sentimento de fracasso diante de obstáculos; estagnação; falta de direcionamento; obstáculos em viagens.

JUNÇÕES COMPLEMENTARES: se esta carta sair ao lado dos Arcanos 6-Oxum, 25-Vênus e 29-Urano, representa movimentos na vida amorosa do consulente, podendo se referir a um novo caso amoroso. Quando sair associada a 27-Júpiter e 19-Oxóssi, pode trazer para a vida do consulente ótimas oportunidades e mudanças no setor material da sua vida, gerando possibilidades melhores. Com as lâminas 18-Lilith e 2-Nanã, pode representar a atuação de seres negativos na vida da pessoa, ou até mesmo energias negativas. Associada a 24-Mercúrio traz viagens curtas e, ao lado da 27-Júpiter, traz viagens longas e distantes.

8 – Xangô

Senhor do fogo e do trovão, esta lâmina, ao sair no jogo, vem trazer equilíbrio e muita racionalidade, irradiando a vibração da justiça na vida do consulente, pois tudo o que ocorre numa jornada de reencarnação está associado à Lei do Merecimento e à Lei de Causa e Efeito. Esta carta é a personificação dessas leis implacáveis, que alcançam a tudo e a todos, trazendo para a jornada do indivíduo ações mais equilibradas, assim como a necessidade de agir de maneira prudente, tornando-nos pessoas mais sensatas, ajuizadas e racionais.

O campo de atuação deste Arcano é a razão, portanto, desperta nos seres a sensação de responsabilidade e de análise das próprias atitudes. Como gera e irradia as chamas da justiça, caso a pessoa que estiver jogando esteja passando por alguma injustiça, este Arcano emana a revelação da verdade e da justiça divina, trazendo para o indivíduo vibrações e acontecimentos que podem ajudar a solucionar e resolver qualquer malogro, incluindo a sua proteção.

Xangô é dito ser o rei dos Orixás, o senhor da justiça, das pedreiras e dos trovões, que, ao cruzar o céu, sacode a terra. Pode representar no jogo castigo ou cobrança cármica de acordo com as cartas que saírem junto, pois sua energia é intolerante com os erros. Se sair ao lado da carta Júpiter, no entanto, mostra que o consulente tem tendência a trabalhar muito, a ser ambicioso ou a valorizar o poder e as coisas materiais. Também pode despertar no indivíduo a vontade de ajudar os mais fracos e necessitados.

Esta carta no oráculo representa a imparcialidade e o equilíbrio entre os pratos de uma balança, fazendo com que possamos reconhecer nossos erros e acertos, assim como o valor daquilo que se aprende com o tempo e com as experiências que vivemos. Xangô, por ser a divindade da justiça, sempre olha qualquer situação pelos dois lados. A vibração desta carta atua diretamente em nossa mente, trazendo uma análise geral das nossas atitudes atuais e ressaltando a real importância dessas mesmas atitudes, lá adiante, no futuro próximo. Portanto, é importante que neste momento a pessoa perceba suas falhas para que possa corrigir suas ações e manter os pratos da justiça divina sempre a seu favor, senão se tornará um fantoche da mão que rege o destino.

A real justiça não é a terrena, composta de julgamentos humanizados, vai além do certo e do errado e do que é bom ou mau, é sobre o que somos em essência e o que fazemos diante disso. A justiça divina transforma morte em vida, escuridão em luz, e os machados de Xangô, quando rolam da pedreira, vêm cortando todo o mal.

A natureza divina trabalha a favor do equilíbrio e, caso haja um abalo desequilibrando o ser humanizado, a energia dessa divindade no jogo traz de volta, com ponderação, este equilíbrio, cobrando do consulente se necessário, ou de qualquer ação externa que não esteja de acordo com os desígnios divinos, afinal, a lei é muito simples: toda ação está sujeita a uma reação, em tudo há consequências, seja em atos de bondade ou de maldade. A força da moral é o real poder que esta carta irradia, mostrando uma visão de praticidade, racionalidade e rigor, sem perder a intensidade que a chama da justiça de Xangô emana.

Este Arcano também traz a representatividade dos juízes e magistrados, fazendo referência à justiça dos homens e os seus conceitos, trazendo na vida do indivíduo a possibilidade de trabalhar nestes setores se associada a cartas que falam de questões profissionais. Pode até representar processos, assinaturas de contratos, recibos, documentos e novos aprendizados. Como simboliza no sincretismo católico o senhor guardião das chaves de Ayê e Orum, que abre ou fecha as portas do céu, assim como todas as portas, significa que este Arcano exerce o mesmo efeito em nossa vida. Se estiver rodeada de cartas positivas, traz a solução, "a chave" para resolver problemas e abrir caminhos. Caso contrário, será o oposto.

Para receber em sua jornada terrena a atuação poderosa deste portal divino equilibrador, abrindo seus caminhos e trazendo proteção, basta adquirir uma chave pequena, um machado também pequeno e uma pedra de no máximo 5 cm de tamanho (o machado, a chave e a pedra, podem ser adquiridos em lojas que vendam objetos religiosos umbandistas, visto que a real ação sobre os elementos só é realizada após a imantação feita como no rito a seguir).

Coloque os elementos sobre um pano virgem branco, vermelho ou marrom e acenda na frente uma vela vermelha, marrom ou branca de acordo com a sua intuição. Neste momento, ative com as seguintes palavras os elementos ali colocados: "clamo a vós meu pai Xangô, que firme suas forças e poderes sobre estes objetos, descarregando, limpando-os e transformando-os em portais de luz e proteção, irradiando energias de equilíbrio sobre mim e todos a minha volta, e que a chama acessa desta vela abra um portal com essa força divina ígnea sobre os objetos aqui colocados." Faça então seus pedidos a Xangô. Nunca se esqueça de antes e depois de qualquer ativação cruzar o solo e pedir permissão para colocar ou retirar sempre os elementos, mesmo que seja para outro Orixá.

CARTA VIBRACIONAL: material • positiva • arquétipo masculino • vela nas cores marrom, vermelha ou branca.

82 | Capítulo 4

Interpretação Geral: ações racionais; igualdade; senso de justiça; ética; equilíbrio; austeridade; força; poder; solução de problemas; abertura de caminhos, prudência em ações entre a mente, o sexo e a emoção; sucesso em situações difíceis; lei de causa e efeito; justiça; processos cármicos; necessidade de revelar a verdade; responsabilidade; ações judiciais; contratados, estudos; vocação. Dependendo das cartas ao redor, facilidade para trabalhos em áreas que atuem com a justiça terrena, como a advocacia, por exemplo.

Aspectos Negativos: injustiças; regaste de vidas passadas; desequilíbrio; desonestidade; hipocrisia; mentiras; uso abusivo do poder; más decisões; rispidez; aridez; severidade em julgar; atitudes preconceituosas; avareza; conservadorismo; excesso de cobranças; fanatismo.

Junções Complementares: se este Arcano estiver associado às lâminas 28-Saturno e 31-Plutão, pode representar ações e situações na vida do indivíduo decorrentes de vidas passadas, podendo ser bom ou ruim de acordo com as demais cartas. Caso saia com 4-Ogum, o Arcano 6-Oxum e 28-Júpiter, pode representar abertura de caminhos no setor material, assim como a oportunidade de um novo emprego ou de uma promoção dentro do local de trabalho. Ao lado de cartas como 25-Vênus, 18-Lilith e 23-Lua, pede para que o consulente tome cuidado com turbilhões emocionais e racionalize tudo o que sente, evitando traições, atitudes impulsivas e procurando valorizar relacionamentos estáveis.

9 – Obaluaiê

Arcano que representa a energia evolutiva nos seres humanizados. Evoluir significa crescer, aprimorar, melhorar, lapidar e transformar o que está estagnado ou o que não serve mais para a nossa jornada terrena, passando de um estágio para o outro, seja de consciência espiritual, emocional ou até mesmo material, gerando mais estabilidade em nossa vida. Ao sair no jogo, desperta na essência da pessoa o fator reflexivo, para que busque dentro de si a sabedoria existente na alma, pois ninguém evolui ou transmuta pelo outro, mas, sim, por uma busca pessoal e intrasferível. Lembrando, também, de que ninguém evolui sozinho.

Este Arcano representa pessoas e situações que nos despertam para o dom divino do perdão, que a tudo transmuta, e também a lidar com os bloqueios que porventura atrapalham nossa evolução. Inclusive esta carta, dependendo do que sair à sua volta, pode até trazer alguns traumas.

Como Obaluaiê é a divindade que também representa as passagens, quando sai em um jogo mostra a ascensão de um estágio evolutivo a outro que pode se referir a qualquer setor da vida, visto que este Orixá rege os mistérios do reencarne e é responsável por estabelecer o cordão energético que une o corpo ao espírito. Se sair associada a cartas de fertilidade como as de Iemanjá, Oxum ou Vênus, pode representar gravidez rondando a vida da pessoa, ou caso esteja com cartas que façam referência a viagens e conexões espirituais, pode até representar o desencarne do corpo físico. Como essa divindade é considerada o senhor das almas, além de estar presente nas passagens de ida e vinda

84 | Capítulo 4

do plano espiritual, pode trazer no jogo, de acordo com as cartas ao lado, a presença de *eguns* que estejam atrapalhando a vida do consulente. Outra característica intrínseca nesta carta é a vibração de cura que ela irradia. Devido à força que o fator transmutador de Obaluaiê gera em si e, com o balançar do seu *Xarará*[11], essa divindade realiza a cura ou traz a premonição dela, gerando solução ou a melhora de possíveis problemas de saúde, de acordo com a posição deste Arcano no jogo, já que também pode representar o oposto. Esta lâmina, ao sair na tiragem, irradia a cura para o consulente, promovendo o autoconhecimento. É pela metafísica e por vibrações espirituais salutares que se realiza o fator curador. Segundo a mitologia iorubana, sua imagem é coberta com palhas para esconder o seu corpo, que é repleto de chagas da varíola, pois, apesar de irradiar o mistério curador, segundo conta a lenda, Obaluaiê não consegue curar a si mesmo, revelando nesta lâmina certa dificuldade no autorreconhecimento de nossas limitações.

Sua aparência curvada faz alusão ao peso da sabedoria e da reflexão que nos curva os ombros, ensinando a todos a usar a qualidade que Obaluaiê irradia de estabilizar, mas de forma móvel, permitindo nossa evolução individual e coletiva. Como um velho sábio, que percorre o mundo dando voltas, mas curva-se para si mesmo para refletir, e só assim poder voltar a andar de forma sábia e tranquila pelo mundo novamente. Ao sair numa tiragem, esta carta carrega a necessidade de se isolar e de ficar distante por certo tempo de tudo e de todos, como um ermitão que se exila nas montanhas, para só então acessar a sabedoria ancestral que existe dentro de si.

---

11. Elemento de poder de Obaluaiê, feito com palha da costa e búzios.

Análise das cartas do Tarô de Umbanda | 85

A luz da lanterna que Obaluaiê carrega em sua mão enriquece a simbologia desta carta, trazendo a representação da luz interior que carregamos e nos lembrando de que, para realmente adquirir iluminação e evoluir, o indivíduo deve usar de sabedoria e aprender a erguer a lanterna, para que possa enxergar o seu caminho com antecedência, sendo guiado por sua luz interior.

Olhe-se por dentro e valorize-se, deixando fluir sua sabedoria ancestral, percebendo a força que há em você mesmo(a). Observe que mesmo rodeado de pessoas, o ser humanizado pode e deve caminhar sozinho para conseguir ouvir a voz interior, que nos guia através das nossas lendas e missões individuais. A luz que carregamos sempre ilumina primeiro o nosso próprio caminho, agregando a sabedoria e a reflexão sobre os fatos das nossas ações à paz, à paciência, à tranquilidade e ao jogo de cintura para lidar com qualquer situação. O ato de recolher-se dentro de si nos leva ao que realmente importa, removendo qualquer influência externa para se chegar a autoiluminação, expandindo a luz em nossa escuridão interna.

Para ativar a magnitude da energia de Obaluaiê no seu caminho, você deve estourar pipoca e colocá-las em cima de uma pedra de ardósia[12] formando uma cruz cristã[13]. Acenda no meio da cruz uma vela branca, violeta ou bicolor (preta e branca). Coloque ao lado da vela um copo com água mineral ou água de uma lagoa. Peça para que essa divindade emane luz, cura, transmutação e proteção em sua vida. Ao terminar de queimar a vela, jogue a pipoca na terra ou leve até o cruzeiro do cemitério, clamando para Obaluaiê que recolha espíritos negativados emanando cura e evolução na sua vida. O restante

---

12. Pedras utilizadas em pisos.
13. Cruz que tem as três hastes da parte superior menores que a haste da parte inferior.

86 | Capítulo 4

pode ser jogado no lixo, exceto a ardósia, que poderá ser utilizada para outras magias religiosas ou até mesmo em magia natural.

CARTA VIBRACIONAL: espiritual • positiva • arquétipo masculino • vela na cor violeta ou bicolor (preta e branca).

INTERPRETAÇÃO GERAL: paz; tranquilidade; evolução; sabedoria; misticismo; necessidade e busca de orientação, reflexão e isolamento; força do perdão; paciência; transmutação; desapego; tranquilidade e sabedoria interior; compreensão de si mesmo e do todo; harmonização; equilíbrio da alma; sabedoria que não está nos livros; iluminação; transmutação; maturidade; prudência; meditação.

ASPECTOS NEGATIVOS: doenças físicas; mentais, espirituais e emocionais; imprudência; egoísmo; timidez; solidão; individualidade; presença de espíritos negativos; introspecção, paranoia; indisciplina; ostracismo; tendências depressivas; distanciamento da realidade; desajuste social; cegueira espiritual.

JUNÇÕES COMPLEMENTARES: quando esta carta estiver próxima à carta 13-Omulu e 28-Saturno, representa problemas de saúde, já ao lado da lâmina 7-Iansã e 13-Omulu, traz a presença de espíritos negativos na vida do consulente. Se sair com as cartas 5-Oxalá e 30-Netuno, pode representar um impulso religioso que poderá levar a novas religiões ou a outros conceitos evolutivos. Com os Arcanos 22-Sol, 6-Oxum e 8-Xangô, pode trazer novas e grandes mudanças positivas e lucros no setor financeiro. Na sequência de cartas com 32-Quíron, significa que o indivíduo tem necessidade em curar feridas. Caso após Quíron venha a carta 28-Saturno, tais feridas estão no passado, podendo ter origem até em vidas anteriores. Se estiver com a lâmina 33-Caboclos, essa cura pode acontecer, porém se ao invés dos Caboclos estiver com 31-Plutão, acontecerá o contrário.

10 – Orumilá

O décimo Arcano é considerado o senhor do destino, vibrando ondas que auxiliam os oráculos. Dentro das religiões africanas é chamado de senhor do Ifá e dentro da Umbanda é dito como a divindade que dá sustentação vibracional ao mistério da adivinhação. Todos os oraculistas e oráculos recebem suas energias direta ou indiretamente.

Conta um mito iorubá que Orumilá foi o único que, no Orum, não obedeceu a ordem do Criador em fechar os olhos enquanto Olorum criava a humanidade. Orumilá manteve as mãos tapando o rosto, mas com os dedos entreabertos e olhos arregalados. Devido a essa ação, Olorum o designou a olhar para sua criação humana durante todo o tempo e verificar como estão agindo e atuando sobre a Terra. Orumilá, então, tornou-se onisciente de tudo que ocorre, seja no passado, no futuro ou no momento presente. Por isso ele emana em sua energia natural o poder atemporal.

Como esta carta carrega nos seus mistérios o fator revelador, ela representa o conselheiro e a mão onisciente divina que tudo sabe e tudo vê, e que está presente desde o nosso nascimento, determinando nossas missões na reencarnação e o rumo que a vida vai tomar. Sorte, felicidade, tristeza, decepções, amores e até mesmo o momento de nossa morte são previstos por essa divindade que está associada à roda do destino que a tudo sustenta e sabe, mas que também está à mercê do destino que rege cada ser de acordo com as suas ações.

Orumilá rege o plano onírico, auxiliando o indivíduo a vivenciar o seu próprio caminho sem perder o rumo designado

88 | Capítulo 4

por Olorum, ou seja, ajudando a cumprir o seu destino. Apesar de ser um Orixá muito associado ao jogo de búzios, todos os oráculos que são feitos com seriedade recebem as bênçãos desta divindade reveladora. Olorum está associado, na cultura africana, à regência dos *Odus*[14], que na lenda representam os 16 filhos deste Orixá, que aqui iremos representar como portais de conexão à esta divindade. Os Odus também são mais utilizados no jogo de búzios, porém, como são associados à emanação dos poderes de outras divindades dentro de um oráculo, suas representações podem ser entendidas aqui com as conexões das lâminas deste oráculo umbandista de forma sincrética.

Ao sair em um jogo, esta carta traz o movimento cíclico que a Roda da Vida efetua o tempo todo. Devido a isso, ora o indivíduo está em cima, ora está embaixo. O nosso destino será designado de acordo com nossas atitudes, dando poder à força do carma ou não. Caso a pessoa em questão não esteja equilibrada, pode acabar perdendo o controle do seu próprio destino, que poderá ser modificado para manter o melhor equilíbrio possível ao nosso futuro, amenizando ou anulando até mesmo fatores negativos, se for necessário.

A pessoa que tiver esta lâmina no jogo e não estiver sintonizada com as missões que foram destinadas a ela, poderá se pendurar nessa roda, gerando ciclos viciosos de todos os tipos, pois o alto e o baixo brincam na roda do destino pelo poder e, somente seguindo os conselhos de Orumilá é que o consulente vai conseguir se manter equilibrado sobre a roda da vida que incessantemente continua a se mover.

Se esta carta estiver próxima de Arcanos negativos pode até representar fatos ruins que poderão acontecer, mas que podem

---

14. Divindades que regem o destino nos cultos iorubanos e nagôs.

ser evitados, visto que Orumilá vem trazer seu alerta para que o indivíduo possa seguir um caminho melhor de maneira mais sábia.

Esta divindade, ao sair numa tiragem, representa a sorte e as coincidências que nos guiam e também a noção de que não somos deuses, mas, sim, uma fagulha de luz que provém das divindades e de um Deus único, que tudo cria, controla e modifica de acordo com o movimento da roda do destino de cada ser humanizado. Esta carta nos recorda de que somos humanos e estamos sujeitos a uma energia criacionista onipotente, onisciente e onipresente, pois sem os desafios da vida, não há movimento sobre a roda do destino. O maior desafio que esta lâmina traz é o equilíbrio diante das adversidades, assim como a possibilidade de ter sorte diante delas e da vida. Fica um conselho deste Orixá ao consulente: "eleve suas ações ao divino para que, quando Orumilá aparecer num jogo, seja para trazer somente aspectos positivos na sua jornada, tanto espiritual como terrena".

Uma maneira de atrair a vibração de Orumilá para a sua vida é fazer um macerado na água com erva-de-lavadeira, sálvia branca e hortelã. Acenda em volta deste banho três velas nas cores amarelo, branco e verde, pedindo a Orumilá prudência nos seus atos, aumento e limpeza das suas capacidades mediúnicas, gerando no seu íntimo conselhos que direcionem você para o melhor caminho. Tome este banho da cabeça aos pés para potencializar sua mediunidade, ou do pescoço para baixo se for somente para limpeza espiritual. Após realizar tudo, jogue os restos das velas no lixo e as ervas na terra.

CARTA VIBRACIONAL: espiritual • podendo ser positiva ou negativa de acordo com os Arcanos que saírem junto • arquétipo masculino e ambíguo • vela nas cores amarela, verde, branca ou bicolor (verde e amarela).

90 | Capítulo 4

INTERPRETAÇÃO GERAL: revelações; premonições sobre passado, presente ou futuro; prudência; cuidado com a curiosidade; evidencia a roda do destino; batalha para manter o equilíbrio; movimento perpétuo e contínuo no progresso de evolução; processos cármicos; final e início de ciclo; nova fase. Associado a cartas positivas, traz novas oportunidades em todos os sentidos da vida; movimentos cíclicos que tanto podem trazer fortuna, um novo amor, destino, sina e boa sorte.

ASPECTOS NEGATIVOS: falta de sorte; situações desagradáveis que se repetem; perda de controle sobre um ou mais aspectos da vida; infortúnios; falhas; atrasos; reveses inesperados; descuido; insegurança; ansiedade; perdas materiais; sofrimentos emocionais; somatização de carmas negativos e densos; mudanças de destino; coisas negativas podem ter acontecido no passado, influenciando o presente ou o futuro.

JUNÇÕES COMPLEMENTARES: se este Arcano sair ao lado de cartas como 28-Saturno, 31-Plutão, 13-Omulu, finalizando com 9-Obaluaiê, pode representar desencarne físico ou doenças provindas de carma de vidas passadas, mas se estiver com as lâminas 6-Oxum, 2-Nanã e 25-Vênus, pode representar um amor de eras que retorna na vida do consulente. Associada a 26-Marte, 4-Ogum e 28-Júpiter, pode representar sorte com dinheiro e toda ação que se refira a recursos financeiros. Junto de 24-Mercúrio, traz revelações.

Análise das cartas do Tarô de Umbanda | 91

11 – Oro Iná ou Egunitá

A energia forte deste Arcano representa a força energizadora que consome toda e qualquer densidade energética, como aquela vibração emanada pelas labaredas de uma fogueira ou pela brasa de uma defumação. Associado a Xangô, é o fogo, as chamas fortes ígneas que a tudo e a todos purificam, auxiliando-nos e "queimando" sentimentos emocionais desequilibrados, fazendo o indivíduo perceber sua força interior. Representa a cura dos vícios, mas se associada a cartas negativas, pode representar atitudes desvirtuadas que levam ao consumo de substâncias nocivas em excesso, como, por exemplo, bebida alcoólica e drogas, gerando explosões de raiva.

Esta lâmina emana a força divina do fogo consumidor, que queima as ilusões humanas, estimulando atitudes mais nobres. No sincretismo do panteão Hindu, esta divindade está associada à Deusa Kali, e na etimologia do dialeto africano, *Oro Iná* significa "fúria de fogo". Na Umbanda Antiga é chamado de *Egunitá*, e em alguns Terreiros é dita como qualidade de Iansã do Fogo. Já na Umbanda Contemporânea, representa o Orixá feminino na irradiação ígnea da justiça e, em alguns *Ilês* de Candomblé, é chamada também de *Oro Iná*, sendo temida por todos que conhecem os seus mistérios.

A energia quente e forte que esta carta emana remete às paixões avassaladoras ou anuncia a chegada de algo neste nível na vida da pessoa, pois seu lado negativo gera fanatismo e "cegueira", e seu mistério tanto esquenta tudo com rapidez, quanto esfria. Por ter uma natureza de justiceira, ao sair num jogo ela é implacável, tanto para energizar algo como para desenergizar, pois Oro Iná é responsável por resgatar os seres que se entregam aos excessos, aos desequilíbrios e às paixões destruidoras, esgotando o emocional e os vícios dos seres humanizados para que percebam seus erros. Sua ação num jogo será sempre vulcânica. Sua missão é a de cobrar o que a lei divina de Ogum determinou!

Assim, este Arcano representa a força, as labaredas que ardem dentro de cada um de nós, o lado animal e instintivo que possuímos, vibrando como uma chama intensa, demarcando a necessidade em lidar com os nossos instintos mais primitivos de paixões, desejos e também com nossos defeitos, incentivando-nos a aprender a dominar estes instintos com a nossa força interna e a racionalidade. Dependendo das cartas que saírem junto, caso o consulente se permita a agir instintivamente, pode representar fatores que futuramente poderão prejudicar a sua vida.

Ao aprender a dominar seus instintos interiores, o indivíduo pode acender sua chama interna, equilibrando-a com sua vida externa, harmonizando o seu espírito com os seus desejos mundanos, porque se um ou outro faltar, pode haver prejuízos na sua jornada terrena, afinal, evoluímos mediante nossos erros. Se sair ao lado da lâmina de Orumilá, o consulente deve dirigir sua vontade de forma inteligente para dominar seus pensamentos e sentimentos mais desequilibrados.

Oro Iná, ao sair num jogo, representa a vitalidade e a força que acalma ou liberta nossos "leões interiores". Dentro da esfera humana, significa que devemos estar atentos às nossas inclinações naturais, e é o direcionamento dessas forças que vai transformar impulsos em ações responsáveis e equilibradas, caso contrário, o consulente pode permanecer escravo dos seus instintos primitivos, trazendo para o seu caminho somente ações impulsivas, podendo gerar problemas e obstáculos capazes de paralisar a vida do indivíduo em todos os sentidos, principalmente no mental.

Para ativar a força deste portal divino em seu caminho, pegue uma porção de arruda seca e coloque num recipiente de vidro, com tampa de plástico, nunca usado. Retire a tampa e acenda na frente deste pote uma vela branca, uma vela verde e uma vela laranja e peça a permissão para ativar as velas e a erva com as forças de Oro Iná. Quando as velas terminarem de queimar, pegue um cadeirão de barro ou de ferro e coloque dentro dele alguns pedaços de carvão em brasa, jogando, em seguida, um punhado dessa arruda imantada. Neste momento, mentalize e clame à essa divindade feminina do fogo e da justiça divina, Oro Iná, para que queime todas as vibrações negativas, desequilíbrios e bloqueios do seu caminho, recolhendo do seu ambiente todos os *eguns*. Vá passando a fumaça que emergir do caldeirão pelos cômodos da sua casa ou ambiente a ser limpo e energizado com o auxílio de um suporte para carregar o caldeirão para não queimar as mãos. Pode-se também usar, após ativar a arruda, um turíbulo para realizar essa defumação de limpeza.

Evoca-se muito Oro Iná para recolher e banir espíritos negativados, pois essa divindade tem o poder também de se alimentar das energias negativadas geradas por seres que habitam faixas vibratórias mais densas, sendo temida por eles, como o fogo consumidor de todo o negativismo.

CARTA VIBRACIONAL: emocional • positiva • arquétipo feminino • vela nas cores laranja ou branca.

INTERPRETAÇÃO GERAL: intensidade; impulsividade; novas paixões; desejos; instintos aflorados; energia revigorante; força física ou espiritual; controle entre espírito, razão e instinto; domínio do nosso lado animal; poder de persuasão; impulso para a realização de objetivos; disciplina; autocontrole; potência latente; instintos e dons que possam surgir.

ASPECTOS NEGATIVOS: indisciplina; desequilíbrios; paixões descontroladas; arrogância; covardia; medos e fraquezas diante dos acontecimentos; atitudes de crueldade e dominação pela força física, emocional ou espiritual; abuso de poder, vícios; insensibilidade; autoritarismo.

JUNÇÕES COMPLEMENTARES: associado a cartas que também trazem intensidade como a lâmina 25-Vênus, 3-Iemanjá e 6-Oxum, pode representar um grande amor ou uma grande paixão chegando ou já instalada na vida da pessoa de acordo com a posição no jogo. Já com Arcanos voltados para trabalho e abertura de caminhos, como 4-Ogum, 10-Orumilá e 24-Mercúrio, pode representar oportunidades de trabalho e novidades felizes. Ao lado de cartas mais voltadas à espiritualidade, como 9-Obaluaiê, 18-Lilith, 13-Omulu e 31-Plutão, pode representar obsessão de espíritos negativados na vida do indivíduo, e se estiverem ainda neste jogo, na sequência ou bem próximo, as cartas 2-Nanã e 28-Saturno, estes espíritos negativos podem ser oriundos de dívidas de vidas passadas.

12 – Preto-velho

Quando sai em uma jogada, esta carta representa o espírito dos humildes, dos que se submetem a sacrifícios, sejam no sentido espiritual, material ou emocional em prol de um bem maior, ou simplesmente porque o seu entendimento da moral o guia a tal comportamento, trazendo a energia de umas das linhas mais antigas da Umbanda. Ela faz referência à cultura e à sabedoria dos diversos povos africanos que o sistema escravagista trouxe para o Brasil, em meados de 1535, representando por isso as

Análise das cartas do Tarô de Umbanda | 95

humilhações da vida, os maus tratos e o sofrimento que este povo sofreu. Portanto, esta lâmina no jogo representa sofrimentos e sacrifícios, por muitas vezes, involuntários.

Esta é uma carta de abnegação, que emana a simplicidade e a necessidade de fazer a caridade, de ter paciência diante das adversidades, perdoando quem por ventura nos machucou em algum momento da nossa existência. Também representa a proteção natural contra mandingas e feitiçarias negativas, se estiver associada a cartas positivas, porém, o contrário pode representar atrapalhações na vida do consulente provindas de tais ações magísticas negativas e a presença de *eguns*.

A lâmina do Preto-velho assim como a carta de Obaluaiê, também pode trazer a cura de enfermidades do corpo e da alma, ou a necessidade de curar suas chagas, principalmente se um Arcano estiver ao lado do outro, trazendo uma vibração de transmutação e aceitação.

O arquétipo que o Preto-velho traz neste jogo é a imagem de um homem negro e velho, revelando a sabedoria que só o tempo e os anos vividos podem ensinar. Neste Arcano, sua representação está de ponta cabeça, revelando os sacrifícios e os reveses da vida que às vezes nos viram do avesso. Quando sai numa tiragem, o indivíduo pode estar se sentindo impotente diante de alguma circunstância e gostaria de sair dessa posição incômoda, no entanto, tais circunstâncias no momento podem estar virando o indivíduo pelos pés e o impedindo de agir, deixando sua mente sem perspectiva de resolução.

Renunciar a si, às suas vontades e desejos, deixando suas prioridades em segundo plano para agradar aos que estão à sua volta, são fatores que este Arcano traz em uma jogada, mostrando ao consulente uma certa necessidade de impor limites aos outros para não se tornar escravo de ninguém e nem mesmo da sociedade que vivemos e de suas opiniões. Algumas

96 | Capítulo 4

vezes nos sentimos imobilizados por situações ou pessoas que impõe condições injustas a nossa existência, ao ponto de nos acuar, fazendo-nos sentir presos, de ponta cabeça, sem enxergar uma solução. Portanto, não tenha medo de se impor, desvire-se e mostre ao mundo suas reais vontades.

Este Arcano revela que o ser humanizado pode estar se sentindo de mãos e pés atados diante de uma situação, ou sacrificando-se corajosamente, mas que precisa ter consciência que em tudo deve haver limites e que devemos nos esforçar para explorar as fronteiras além dos fatos que a energia desta carta transmite, a qual faz parecer que tudo é mais lento e difícil de se resolver, remetendo à necessidade de ter paciência e de esperar sem agir diante das circunstâncias naquele momento.

É importante ressaltar que a paciência deve ter limites e as ações, mais cedo ou mais tarde, deverão ser feitas, pois a verdadeira sabedoria consiste em ver a mesma situação de vários aspectos diferentes e, com paciência e sabedoria real, ter a consciência do problema como um todo e resolvê-lo.

Esta carta vem avisar que quando nos entregamos às experiências da existência terrena com confiança, verdade, sapiência e resignação, somos recompensados com a iluminação interior, que se refletirá nos fatores externos. Caso contrário, o indivíduo vai se frustrar e se sentir sufocar e paralisar diante dos problemas, que são, na verdade, oportunidades de evolução. Relaxe e deixe fundir sua mente, coração e espírito.

Para trazer a proteção dos Pretos-velhos na sua jornada terrena é muito simples. Faça uma firmeza para eles toda segunda-feira. Coloque dentro de uma xícara bem pequena (que pode ser feita de ágata, barro ou de qualquer material que seja natural) um pouco de café fresquinho sem açúcar, num local acima da cabeça. Acenda uma vela branca ou bicolor (preta e branca) ao lado do café, pedindo para o povo das almas

Análise das cartas do Tarô de Umbanda | 97

recolher todos os espíritos, pensamentos e sentimentos negativos, ajudando a solucionar problemas que podem estar tirando a sua tranquilidade. Repita essa ação toda semana, higienizando e trocando os elementos perecíveis por outros.

Carta vibracional: espiritual • negativa • arquétipo masculino • Vela nas cores branca ou a bicolor (preta e branca).

Interpretação Geral: libertação pelo sofrimento; tendência a se escravizar; desapegos; evolução; resignação; iluminação mediante dificuldades; paciência; humildade; profundidade; abnegação; sacrifícios voluntários; autopunição; tornar-se vítima do destino ou de outras pessoas; aceitação consciente ou inconscientemente; idealismo; entrega total a algo; necessidade de superar o ego; tendência a ser atraído por coisas espirituais; paz interior; calma; nova visão sobre o mundo; presença de *eguns* na vida do consulente.

Aspectos Negativos: martírio; indecisão; apegos; mentiras; autossabotagem; hipocrisia; ego exacerbado; aprisionamentos; traição; sofrimento; limitações; dificuldades; falsidade; apego ao passado; impotência em todos os sentidos; frustração; sentimento de culpa.

Junções Complementares: caso essa lâmina estiver ao lado de cartas como 18-Lilith, 31-Plutão e 13-Omulu, pode representar processos de vampirismo espiritual, obsessões ou até mesmo trabalhos negativos ativados. Ao lado de Arcanos como 28-Saturno e 23-Sol, pode representar algumas dificuldades no setor financeiro, mas que poderão recuperar se houver ação sobre os obstáculos. Associada às cartas 0-Erês, 23-Lua, 25-Vênus e 10-Orumilá, pode estar se referindo a um amor oculto e profundo que está predestinado na vida do consulente.

13 – Omulu

Este Arcano representa o senhor da morte, das profundezas da terra e principalmente da vida após essa existência humana, pois a dimensão que vivemos é somente um estágio para a alma evolutiva. Vida e a morte são faces do mesmo ciclo, no qual o nascimento corresponde à chegada no plano material, e a morte o retorno para o plano espiritual. Omulu é uma das divindades responsáveis por este ciclo. É o Orixá receptor do corpo carnal, quando a alma se desprende dele, recebendo o ser humanizado após sua passagem para o plano espiritual através de um dos seus pontos de força, o cemitério. Omulu coordena todas as almas desencarnadas de acordo com os desígnios de Olorum.

Esta divindade é responsável por executar as leis do carma no purgatório, punindo as almas que estiverem expurgando no astral inferior devido aos seus erros, recolhendo em seus mistérios os espíritos desvirtuados e mantendo-os no umbral durante o tempo que a justiça de Xangô determinar, tendo em si o recurso de paralisar qualquer energia negativa que for gerada de forma nociva para preservar a obra do divino Criador.

Como dá sustentação aos mistérios da morte, Omulu tem nomes variados em teogonias diversificadas, no panteão Hindu é chamado de Yama, no catolicismo de Anjo da Morte, para os umbandistas ele é o guardião dos mistérios da morte e dos "espíritos caídos". Omulu, com seu fator paralisador, também atua de forma benéfica em questões de cura das enfermidades, sendo considerado o protetor das doenças. Existem várias imagens e figuras relacionadas a esta divindade, devido a diversidade dele em religiões politeístas, podendo ser utilizada mais de uma imagem para representar essa força poderosa da morte.

Neste oráculo iremos utilizar a imagem do ceifeiro com a foice, que representa não só a morte física, mas também o corte brusco de algo, as grandes transformações e mudanças repentinas – portanto, ao sair este Arcano em seu jogo, aja com prudência e planejamento, de forma silenciosa e discreta em seus projetos e planos.

No nível adivinhatório, a carta da morte indica que algo deve ou vai terminar, simbolizando o final necessário de um ciclo. Se este término será ou não doloroso e em qual setor da vida pode ocorrer, vai depender das cartas que saírem à sua volta, podendo augurar também o surgimento de uma vida nova. Omulu representa os finais e os inícios dos ciclos, desde que o indivíduo perceba que toda vez que desistimos de algo ou de alguém, morremos um pouco por dentro. Abra mão e desapegue da vida antiga. A morte pode assustar as pessoas porque não percebem que ela não representa simplesmente o fim, mas também o começo, dando a oportunidade de novos processos de aprendizados, afinal, podemos morrer e renascer em nosso dia a dia, com base nas decepções que nos matam a alma.

Quando sai associado a cartas negativas ou ambíguas, este Arcano pode trazer uma grande sensação de perda num jogo, mas é após as maiores dificuldades que o ser humanizado supera os grandes desafios, gerando em si o fortalecimento emocional, afinal, sempre existe uma luz no fim do túnel. Aceite a transformação que a morte traz, pois o momento é de profundas mudanças que poderão ser dolorosas, porém edificante. Se não houvesse o desafio da morte, a vida não teria valor e não teríamos tantos impulsos para seguir adiante.

Enfim, Omulu, o senhor da morte, na realidade representa transições, ceifando tudo o que está estagnado, morto ou que chegou ao fim de um ciclo, mas que irá ressurgir em outro nível. Como a lagarta que evolui para a borboleta, libertando-se de

100 | Capítulo 4

padrões que já não lhe cabem mais. O indivíduo pode aceitar essas mudanças, permitindo a sua metamorfose, ou pode dificultar a saída do casulo, causando dores demasiadas e apegos desnecessários. Já dizia o ditado budista: "A dor é inevitável, mas o sofrimento é opcional". É momento de se libertar do passado e de se conectar ao futuro que virá.

Para nos conectar com as vibrações de Omulu e acelerar os processos transitórios da jornada terrena, paralisando toda a negatividade, deve-se fazer no solo uma cruz de hastes iguais, com terra preta. No meio da cruz, acenda uma vela branca, roxa ou bicolor (preta e branca), clamando a Omulu que paralise toda a negatividade que possa estar atrapalhando, pedindo também para cortar e recolher todo e qualquer mal que esteja impedindo a sua evolução humana ou saúde física, assim como sentimentos, pensamentos e ações negativas. Quando a vela terminar de queimar, cruze o solo, peça licença e limpe o local, devolvendo a terra à natureza e jogando os restos da vela no lixo.

Carta vibracional: espiritual • negativa • arquétipo masculino • vela nas cores roxa, branca ou bicolor (preta e branca).

Interpretação Geral: processos dolorosos; necessidade de desapego; fim de um ciclo; transformação; mudanças profundas e necessárias; fim de uma fase, dolorosa ou não; desistência de algo ou de alguém; aceitação da partida de um ente querido; rompimentos eminentes; morte; renascimento; perdas; momentos de transição e de eliminações; paralização de projetos; rompimentos bruscos; fim de doenças de uma forma ou de outra.

Aspectos Negativos: apego ao passado; paralização; falta de visão futura; separações afetivas, espirituais ou materiais; morte física; tendência ao radicalismo; perda das esperanças; falta de energia vital; doenças; energia de roubo; depressão; insegurança; inércia; dificuldade em transpor processos dolorosos; fim de ciclos contra a vontade.

Junções Complementares: se este Arcano estiver do lado das cartas 9-Obaluaiê, 31-Plutão e 28-Saturno, pode representar possível morte física, mas associada a 9-Obaluaiê, 32-Quíron e 12-Preto-velho, podem ser somente problemas de saúde. Se houver na sequência cartas positivas como 17-Logunã e 33-Caboclos, pode representar a cura com o tempo. Quando sair próximo às cartas 25-Vênus, 29-Urano e 16-Pombagira, pode trazer para vida do indivíduo, aventuras amorosas que indica romper os padrões normais ou trazer sofrimento ao se envolver neste momento. Com a carta 23-Lua, significa apego ao passado.

14 – Obá

Esta carta representa a verdade que traz moderação, o equilíbrio e a temperança necessários para todas as situações da vida. Na Umbanda, essa energia é representada por Obá, a senhora da verdade, do conhecimento e do bom senso, que com o seu fator concentrador traz a sabedoria no raciocínio. Ao sair num jogo, nossa percepção da verdade se torna mais nítida, trazendo à tona coisas que estiverem ocultas, revelando-as e despertando dentro dos seres humanizados a simplicidade e os propósitos de forma moderada, como a fé sincera, gerando confiança em si mesmo.

Este Arcano representa a verdade espiritual que existe dentro e fora de nós. Quem estiver sobre esta vibração vai ser beneficiado com ela, que irá purificar com a sua presença no jogo qualquer mancha de personalidade que houver no indivíduo ou à sua volta, pois somente o que é verdadeiro e moderado terá resistência dentro do caminho que nos guia até a luz e a sabedoria divina.

Achar a porta que abre a paz em nós é uma maneira de temperar, moderar a verdade que há dentro e fora do ser humanizado. Essa divindade, ao sair com cartas negativas, pode representar a punição rigorosa caso o consulente não aja com sinceridade e moderação consigo e com as pessoas à sua volta, afastando-se daquelas que não são verdadeiras. Evitar pessoas falsas que não agem dentro da verdade, da sinceridade e da decência, é um ato de autopreservação. Ao sair numa jogada, Obá também representa a necessidade da discrição diante dos acontecimentos e silêncio diante dos seus projetos. Assim como o elemento terra-vegetal que este Orixá vibra, devemos ser firmes, discretos e silenciosos, essa é uma das revelações de Obá.

O saber, o conhecimento e a moderação unidos nos livram de confusões, auxiliam nas dúvidas e ajudam a compreender tanto nossos erros como os dos nossos semelhantes. Essa lâmina também pode avisar que se o indivíduo pretende realizar estudos, concursos públicos ou qualquer ação que exija concentração, receberá uma ajuda, um impulso positivo através da vibração desta divindade, basta se conectar a ela, pois Obá irradia o fator concentrador do raciocínio e auxilia a tudo que se refere a este fator energético. Devido a este mistério, esta carta também vem trazer apatia, desinteresse pelos estudos ou por algo, ou alguém, caso esteja rodeada de cartas negativas, podendo até atrapalhar o raciocínio, tornando-o confuso e revelando questões delicadas que devem ser averiguadas, assim como contratempos.

Seja ponderado e não se deixe influenciar por opiniões alheias, cuidado com fofocas, aja sempre com a verdade dos fatos. Na mitologia iorubana, Obá perdeu a orelha quando questionou Oxum sobre o fato de Xangô só gostar de sua culinária, não tendo o mesmo apreço pela sua comida. Como resposta, Oxum disse que Xangô gostava de comer suas iguarias, porque colocava pedaços do próprio corpo como tempero. Obá, num

Análise das cartas do Tarô de Umbanda | 103

ímpeto de agradar o marido, cortou a própria orelha e colocou num guisado, servindo ao esposo, causando repudio e nojo em Xangô. Já na mitologia da Umbanda mais contemporânea, ela tapa a orelha esquerda para não ouvir as reclamações de Exu, por ter revelado a outros seres alguns mistérios do vazio. Portanto, ao sair num jogo, esta carta vem dizer que o indivíduo deve usar de muito discernimento e bom senso para lidar com as situações, além de ter cuidado ao ouvir as palavras dos outros e, assim, evitar problemas posteriores, tapando os ouvidos para certos comentários e opiniões alheias.

Equilibrar os opostos, o externo e o interno, o consciente e o inconsciente, são as chaves que carregam o recado desta carta. Faça as pazes com o mundo dos sonhos e transforme-os em realidade com a serenidade, consideração e equilíbrio que Obá vibra para você neste momento. Tempere o aço que é a nossa alma para se tornar forte, porém flexível; austero, porém, justo, dando ouvidos mais à sabedoria interna do silêncio antes de qualquer ação, pesando todos os fatores, como se estivesse jogando água de uma taça para a outra sem desperdiçar uma gota. Isso representa o equilíbrio em nossas ações. Limpe suas percepções errôneas e permita que o conhecimento emane em sua alma.

Enfim, Obá vem ensinar a temperança e a harmonia do interno com o externo, não do mesmo jeito o tempo todo, mas com critérios, buscando a verdade e o conhecimento para gerar equilíbrio sempre. Ser moderado significa estar atento a tudo que se passa ao redor e internalizar os fatos de forma que alimente a tranquilidade e o bom senso, visando alcançar a solução de qualquer obstáculo, sem grandes estragos em nossa jornada.

Como é uma divindade que faz par energético com Oxóssi, Obá é considerada uma Orixá guerreira e carrega com seu mistério telúrico o poder que germina das plantas, frutos, etc. Para ativar a força desta divindade no seu dia a dia, pegue

104 | Capítulo 4

um coco verde, tire a tampa, escreva num papel a lápis os seus pedidos para Obá e coloque dentro dele. Acenda na frente do coco uma vela branca, magenta ou verde-escuro e mentalize os pedidos que você escreveu no papel. Quando a vela terminar de queimar, jogue seus restos no lixo. Tampe o coco e o coloque no pé de uma árvore bem bonita, para devolvê-lo à natureza.

Carta vibracional: material • poderá ser positiva ou negativa de acordo com os Arcanos que saírem junto • arquétipo feminino e ambíguo • vela nas cores verde-escuro, magenta ou branca.

Interpretação Geral: necessidade de agir com ponderação; discernimento; conhecimento; grande espírito de luta; afinco no trabalho; temperança; moderação; clareza; autocontrole; equilíbrio entre os opostos; paciência; saúde, quando associada com cartas que se referem à cura; harmonia ou necessidade dela nas ações; verdade; ponderação; disciplina; impulsividade; juízo diante de fatos; emoções equilibradas, trazendo proteção, solução e revelação da verdade de tudo e todos. Momento de tapar os ouvidos para palavras e pessoas negativas; cuidado com fofocas; falsidades, nunca se sente à mesa de quem fala mal do outro pelas costas, ao sair, você será o assunto!

Aspectos Negativos: dificuldades; sofrimento; lentidão; atrapalhações; saudosismo; pessimismo; desequilíbrios; excessos; ações impulsivas; ausência de clareza; mentiras; fofocas; falsidade. Associada a cartas negativas, desilusão amorosa; tristeza; incapacidade e bloqueios em qualquer setor da vida.

Junções Complementares: esta lâmina gera uma energia muito peculiar, pois ao lado de cartas como 8-Xangô e 10-Orumilá, traz a justiça na vida da pessoa e revelações que podem ser em qualquer setor da vida. Já com Arcanos como 16-Pombagira, 15-Exu e 18-Lilith, podem representar ações impulsivas, que vão gerar problemas e desconforto devido a desequilíbrios energéticos, espirituais e materiais de acordo com as cartas ao redor. Se associada com 24-Mercúrio e 31-Plutão, pede cautela com as palavras e muito cuidado com fofocas e falsidade. Com 22-Sol e 3-Iemanjá traz a necessidade de cuidar dos filhos e tê-los perto. Caso tenha cartas de fertilidade próximas, pode representar a chegada de uma criança, assim como a vontade de ter filhos.

15 – Exu

Conhecido como o "Senhor dos Caminhos" e "povo da rua" nos ritos africanos, Exu é considerado o mensageiro de Orum, aquele que leva aos Orixás os nossos pedidos. Dentro das divindades criadas por Olorum, Exu é o mais bem informado, mas também o mais indiscreto de todos, pois carrega o fator revelador e o "mistério das mil bocas". Na Umbanda, agrega-se também à sua força de criação divina a vitalidade e a potência, sendo considerado na Umbanda Antiga uma força ancestral e na Contemporânea um Orixá. Neste oráculo, Exu representa a décima quinta lâmina e exprimi os sentimentos mundanos terrenos e sua força energética vibracional da criação mais próxima do que é o ser humano. Porém ele não é o diabo, mas, sim, uma representação destes sentimentos. Exu em sua essência é neutro.

Considerado o primogênito da criação divina, Exu possui primazia nas oferendas, por isso dizem que nada se faz sem a sua anuência. Isso é o que leva os adeptos do culto umbandista a fazer oferendas a ele primeiro. Mesmo sendo uma carta que traz uma representação negativa, este Arcano não necessariamente traz coisas nefastas, principalmente se associado a cartas positivas.

106 | Capítulo 4

Algumas pessoas relacionam o símbolo de poder de Exu com fatores sexuais, pois uma das suas ferramentas de atuação parece um cetro fálico (o *Ogô*) –, mas sua representação é muito mais do que isso. É sobre vitalidade, energia, vigor, força vital. Quando sai num jogo positivamente, reflete na vida do indivíduo poder de ação, tornando-o mais ativo, principalmente se sair com cartas positivas como Oxum e Vênus, ou ao lado da lâmina da Pombagira, que irradia o estímulo e a gestação, pois ambos os mistérios se complementam.

Como estão assentados à esquerda de Olorum e da dimensão humana, os Exus foram confundidos por algumas religiões erroneamente com o diabo cristão, isso ocorreu por vários fatores, como, por exemplo, a imagem do tridente, que representa os polos positivos, negativos e neutros nos quais Exu atua. Esta é uma força divina que usa, lida e toma conta dos aspectos negativos de certos mistérios e espíritos do baixo astral, de acordo com as ordens de Ogum, agindo, na maioria das vezes, de forma escrachada, debochada e zombeteira com suas palavras. Esta lâmina, portanto, traz à tona, através do mistério revelador, os nossos demônios interiores, mostrando o "diabo" que mora dentro de cada um de nós: uma coisa é certa, o que Exu de lei revela, fato é!

Associado a cartas negativas, traz na vida da pessoa maus pensamentos, más atitudes que podem provir do consulente ou de outras pessoas, assim como a presença de *eguns* atormentado ou atrapalhando a existência do ser em questão, atingindo um ou todos os sentidos da sua vida. Traz à tona vícios, problemas, paixões desenfreadas, rancores, dificuldade de perdoar e até mesmo a vontade de se vingar. Tais aspectos podem prover da própria pessoa ou de qualquer circunstância ao redor, pois Exu também representa a Lei do Carma e, por vezes, deixa tais energias densas atuarem por estar ocorrendo cobranças.

Análise das cartas do Tarô de Umbanda | 107

A natureza deste Arcano é dual e neutra, gerando no jogo de cartas necessidades físicas e materiais ligadas muitas vezes a sentimentos e intenções escusas. Por isso dizem que Exu tem duas cabeças, devido a sua dualidade e neutralidade, que pode ser ativada ou desativada de forma positiva ou negativa, sempre visando os interesses daquele que o invoca. Ao aparecer num jogo, pode representar que há magias negativas ativadas contra a pessoa.

Esta lâmina representa a natureza humana, suas mesquinharias, excessos emocionais, limitações, falhas e desejos mais ocultos e vergonhosos. Exus são considerados por muitos cultuadores como guardiões do plano inferior, os senhores dos níveis astrais baixos, responsáveis por todos os espíritos caídos que são atraídos pelo vazio da criação divina. São cobradores de carma, combatem o mal, cortam demandas, desfazem trabalhos de magia negativa, auxiliam em descarrego, desobsessões, estabilizando e colocando ordem ou caos na escuridão, de acordo com as ativações que recebem.

Pele, carne, sensações, prazeres, turbilhões emocionais, desejos profanos, intensidade, são fatores que esta carta carrega. Exu não é bom nem mau...é neutro! Caso o consulente tenha a sabedoria de canalizar essa energia vital de forma correta, transmutando seu lado trevas em luz, vai poder percorrer caminhos mais tranquilos em sua jornada terrena, já que o Exu reflete, dentro do jogo, o íntimo do indivíduo e a energia gerada em torno dele.

Dentro da cultura umbandista, os Exus são as falanges que atuam mais próximas dos humanos. Para ativar a sua força e proteção, adquira um tridente de dentes retos (masculino). Pegue 21 cm de fita preta, 21 cm de fita vermelha, uma garrafa de pinga, uma vela bicolor (preta e vermelha), lave todos os objetos com pinga (menos a vela) e depois amarre a fita preta no tridente com três nós. Peça para Exu amarrar todo o mal que

108 | Capítulo 4

lhe desejarem, impedindo que qualquer coisa ruim o alcance. Depois, amarre a fita vermelha com sete nós e peça prosperidade, proteção, caminhos abertos, etc. Coloque o tridente com as fitas já amarradas em cima de uma folha de mamona roxa e acenda a vela ao lado de um copo de pinga. Acenda um charuto e faça um círculo com sete moedas douradas em volta dessa firmeza. Faça os seus pedidos e deixe a vela queimar até o final. Quando acabar, peça licença, pegue o tridente e use-o como patuá, ou deixe em um local (casa, trabalho ou carro) para proteção. As moedas devem ser jogadas em sete ruas diferentes, de preferência na encruzilhada. Lembrando de que quando for fazer firmezas para o Exu e Pombagira, não se deve cruzar o solo. Diferente das falanges da direta, deve-se somente bater as pontas dos dedos entreabertos no chão, com a mão em formato de concha, e dizer: "Laroyê, senhores Exus, salve suas forças, salve nossas forças" Esta saudação, assim como o toque no solo deve ser repetida antes e depois de fazer a sua firmeza ou trabalho espiritual.

CARTA VIBRACIONAL: material • negativa • arquétipo masculino • vela preta ou bicolor (preta e vermelha).

INTERPRETAÇÃO GERAL: cuidado para não se levar pelas aparências. Confrontação com o que é oculto; mensagens; notícias; revelações, podendo ser boas ou ruins de acordo com as outras cartas em volta; cuidado com pessoas indiscretas; vitalidade (força vital); potência; vigor; sexualidade; necessidade de neutralidade diante dos acontecimentos; o diabo que habita dentro de nós; paixões desenfreadas; espíritos negativos; vícios; magias negativas; cobrança cármica; desejos ocultos; luxúria; ambição; tentações; prazeres; intensidade; escravidão aos desejos. Se associada a cartas positivas, pode trazer criatividade no aspecto material ou emocional. Ao contrário, traz materialismo, dúvidas, mentiras, violência, medos e dependências químicas, materiais, emocionais ou psicológicas.

ASPECTOS NEGATIVOS: aflora o lado sombra do consulente ou de alguém próximo; abusos; fraquezas; enganos; ilusões; ambição; distanciamento; impotência; magias negativas ativadas; falta de energia; desvitalização; *eguns* negativados; maus pensamentos; más atitudes; sentimento de vingança, mesquinharia e avareza; cuidado com excessos emocionais e sexuais; desejos mundanos ou profanos; extrema sensualidade; ignorância; brigas; vícios; possessividade.

JUNÇÕES COMPLEMENTARES: associado à carta 10-Orumilá, revelação importante. Se a lâmina 24-Mercúrio estiver junto, representa que tal revelação virá rápido e será benéfica, mas se estiver com cartas como 2-Nanã, 18-Lilith e 28-Saturno, pode mostrar que há magias negativas ativadas. Quando sai com as lâminas 27-Júpiter, 3-Iemanjá, 7-Iansã e 6-Oxum, pode representar empreendimentos de sucesso. Ao lado da 16-Pombagira, 6-Oxum e 18-Lilith, representa paixões avassaladoras e possessivas que podem ser prejudiciais ao indivíduo.

16 – Pombagira

Assim como a lâmina anterior, a Pombagira é também considerada como "povo da rua". É a Rainha das Encruzilhadas, a Senhora dos Caminhos. Alguns a consideram como o Exu feminino, Exu mulher e mensageira entre os Orixás e a Terra. Outros acreditam erroneamente que é mulher de Exu e até mesmo mãe de Exu Mirim, mas para a Umbanda Contemporânea, este poder divino representa, acima de tudo, nossos desejos e também o fator estimulador necessário para que o ser humanizado possa ter vontade de aprender, de dormir, viajar, trabalhar, conversar, etc. Afinal, para realizarmos qualquer objetivo na vida, há uma energia chamada "desejo", necessária para impulsionar qualquer ação. Esta é a representação deste Arcano.

Seu nome tem origem bantu, é a corruptela de *Pambú Njila*, que traduzido para o português ficou sendo chamada de "Pombagira". A "pomba" é um pássaro que no passado foi usado como correio, e "gira" é movimento, deslocamento, volta. Genuinamente, o significado deste nome é "mensageira dos caminhos, dos movimentos". Percebe-se que a tradução para o português na verdade é uma representação da sua energia dentro da origem bantu. Devido ao fator "desejo" que ela carrega em seus mistérios, foi muito marginalizada pela sociedade e até associada à prostituição por conta do seu comportamento em uma época de padrões rígidos e puritanos, moralidade e "boa conduta", principalmente para as mulheres, mas mesmo assim ela vem escrachando sensualidade e, como não possui papas na língua, sempre chega dizendo verdades na face dos hipócritas. Na realidade, dentro das funções deste mistério, ela é tão responsável em vibrar sexualidade quanto é para refreá-la quando há excessos, bloqueando com maestria impulsos sexuais daqueles que usam este fator de maneira errada.

Ao sair em um jogo esta lâmina traz fluidez e ajuda a expandir os sentimentos nos relacionamentos e em nossas vontades nobres. Se associada a cartas positivas, traz animação em viver, movimento, liberdade, sexualidade, atração e desejo de conquistas em todos os sentidos da vida, porém, associada a cartas negativas, pode gerar exibicionismo, ações libidinosas, frustrações, orgulho desmedido e presunção.

Assim como este arquétipo poderoso atua na Umbanda, dentro de um oráculo ele vem desmascarar os falsos moralistas e libertar as pessoas, principalmente as mulheres, da prisão e da repressão que vivem dentro e fora de si, trazendo junto a força do impulso estimulador e aflorando desejos, sejam bons ou ruins para que o indivíduo aprenda a lidar com eles.

Se esta carta sair ao lado da de Exu, e ambos estiverem rodeados de cartas positivas, gera na vida da pessoa estímulo e vigor para realizar qualquer coisa. Rodeada de cartas negativas traz o oposto. Outro ponto em comum que essas lâminas possuem é que a Pombagira, assim como o Exu, rege sobre os mistérios reprodutores dos seres e possui como símbolo de poder um tridente com um polo positivo, um polo negativo e um polo neutro, sendo regida assim como ele pelo "Trono Neutro", por isso os denominam agentes cármicos, por não serem nem bons nem maus e responderem segundo são invocados.

Às vezes o que tem aparência por fora de rigidez, superficialidade e frieza, por dentro possui um lado vulcânico e profundo, como a Pombagira, que carrega consigo também o mistério dos abismos e da profundidade. Ela, ao sair no jogo, traz à tona tudo o que mora no abismo do nosso ser, ou dos seres a nossa volta, derrubando castelos e torres de ilusão e vaidade, evidenciando a fragilidade do ser, trazendo por vezes até dor ou a sensação de impotência diante dos fatos de acordo com a situação. Caso isso ocorra ou já esteja ocorrendo na vida do consulente, é porque as suas bases não estão sólidas, podendo despencar no abismo que há dentro de si e se perder no vazio de Exu.

Observe seu ego, pois se sua torre, o seu castelo interior, cair no abismo do egocentrismo, tudo irá desabafar. Entenda as causas e reconstrua-se, reerguendo sua torre interior com fortalecimento e estímulo de imperar de forma mais consciente, organizada e com sabedoria. O polo negativo da Pombagira atinge aqueles que se perderam no abismo que há dentro de cada um, trazendo ações autodestrutivas. Não resista! Caso o indivíduo se adeque aos desafios e supere, vai perceber que se libertou de suas prisões internas, que foram destruídas

112 | Capítulo 4

rapidamente, como se um raio as tivesse atingido, mostrando ao consulente o que realmente importa.

Umas maneira de trazer a força e a energia das Pombagiras de forma positiva é adquirir um alguidar pequeno, uma maçã, sete sementes de girassol, sete pedaços de canela em pau e sete favas vermelhas. Escreva seus pedidos num papel branco a lápis e coloque dentro do alguidar. Por cima do papel, coloque a maçã, as sementes e as favas, pegue mel puro e jogue no sentido horário sobre este trabalho, sempre mentalizando os seus pedidos. Acenda ao lado uma vela vermelha com uma taça de champanhe e uma cigarrilha ou cigarro com sabor de canela ou cravo. Para finalizar, jogue pétalas de rosas vermelhas, clamando pelo Axé das Pombagiras.

Ao terminar de queimar a vela, jogue seus restos no lixo, leve o alguidar até o pé de uma árvore frondosa e bonita e coloque o que há dentro dele aos pés da árvore. O líquido do champanhe pode ser jogado junto, mas o copo e o resto do cigarro ou cigarrilha devem ir para o lixo. E claro, deve-se, assim como o Exu, saudar a Pombagira ao realizar qualquer ato para ela, batendo no chão com as pontas dos dedos entreabertos e a mão em formado de concha e dizendo: "Laroyê, senhoras Pombagiras, salve suas forças, salve nossas forças". Esta saudação, assim como o cruzamento de solo, dever ser repetida antes e depois de fazer a sua firmeza ou trabalho espiritual.

CARTA VIBRACIONAL: emocional • negativa • arquétipo feminino • vela nas cores vermelha ou bicolor (preta e vermelha).

INTERPRETAÇÃO GERAL: estímulos em todos os sentidos; libido aflorada; desejos fortes ou impulsivos em qualquer setor da vida; movimentos; mudanças; mensagens, que podem ser ruins ou boas de acordo com as outras cartas; necessidade de liberdade; animação; empolgação; sexualidade; orgulho; ego; cobranças

Análise das cartas do Tarô de Umbanda | 113

cármicas; falsidade desmascarada; profundidade; abismos interiores; ilusões; vaidade; fragilidades; astúcia; estímulos de superação; ciúmes; gestação; exibicionismo; volúpia; mudanças repentinas; transtornos; medos; traumas; adversidades; excessos que geram destruição; ações que quebram nosso ego; acontecimentos que trazem libertação; separações; cuidado com ações impulsivas e em falar demais.

Aspectos Negativos: se estiver rodeada com cartas negativas, possibilidade de aborto. Timidez; exibicionismo extremo; impotência diante de acontecimentos; frieza; rigidez; possessividade; irritação; repressão sexual; ações promíscuas; desestímulo; presunção; ciúmes excessivo; depressão; orgulho desmedido; recusa em aceitar mudanças; descuidos; insensatez; falta de esperança; desejo sexual comprometido; medos; traumas; perdas; atitudes de tirania; opressão; momentos em que a pessoa se sente na lona, como se estiveste destruído tudo à sua volta.

Junções Complementares: quando esta lâmina sai acompanhada da 14-Obá, 24-Mercúrio, 10-Orumilá e 18-Lilith, pede cuidado ao ouvir algumas pessoas à sua volta, pois há alguém mal intencionado e falso perto de você, cuidado com fofocas. Ao lado dos Arcanos 15-Exu e 18-Lilith, pede para tomar cuidado com luxúria, pensamentos libidinosos e não dar vazão a sentimentos e desejos que não sejam nobres, ou seja, que incitam ações que irão machucar a si ou outras pessoas. Se associada a carta 2-Nanã e 18-Lilith, pode representar feitiços feitos com as Iyamis Oxorongás, ou qualquer outra força poderosa feminina. Com a sequência das lâminas 16-Pombagira, 6-Oxum e 3-Iemanjá, revela gestação na vida do consulente, podendo ser um filho, neto ou sobrinhos, mostrando a chegada de gravidez bem próxima.

17 – Logunã

A décima sétima lâmina é chamada de Logunã ou Oyá. De maneira peculiar, alguns segmentos da religião umbandista relacionam o Orixá Oyá com a qualidade de Iansã relacionada ao tempo. Aqui utilizaremos sua associação atual como Orixá do tempo e da fé e que se polariza na sua energia feminina com Oxalá. Usaremos a exemplificação de que se Oxalá é o pensamento de Olorum que em tudo pensa, Logunã é a imaginação de Deus que tudo analisa e imagina, formando, assim, com a carta de Oxalá, um complemento energético poderoso. Este Arcano carrega consigo o fator temporizador e alterador, e os mistérios dos ciclos, dos ritmos e do tempo são suas ferramentas de poder. A presença dessa energia no jogo é muito benéfica, pois gera facilidade de raciocínio se estiver ao lado da carta de Obá ou de Oxóssi. Como a imaginação pura é uma das irradiações de Logunã, ao sair numa tiragem, irradia naturalmente esperança e luz, como se uma estrela estivesse brilhando dentro de nós, pois ela representa movimentos positivos do tempo que virão a seu favor e vibra fé sobre o caos.

Este Arcano traz uma força muito grande, pois a fé é energia indispensável para a realização de qualquer coisa que formos fazer e só no tempo certo é que tudo evolui e acontece. Ao sair num jogo este Arcano vem avisar que o consulente deve se sintonizar com as forças divinas da criação, para que seja capaz de superar e vencer todas as barreiras impostas e agruras em seu caminho. Permita que seu estado de espírito se eleve e se conecte a vibrações de luz, pois elas estão sobre você neste momento. Esta carta ajuda a despertar a fé dentro de nós, com a carta Oxalá, irradia o aperfeiçoamento interno dos pensamentos, sentimentos e condutas pessoais e nos ajuda com a conexão com o divino.

Esta lâmina só irradia e traz vibrações caóticas se estiver rodeada de cartas negativas, então sua atuação pode gerar desequilíbrios emocionais, falta de fé, ambições e materialismo. Nas demais situações, ela sempre atua de forma positiva, pois um de seus mistérios poderosos é a espiral sem fim do tempo, na qual tudo está registrado. O tempo é como as estrelas que tudo registram, pois os anos passam, as coisas e as pessoas envelhecem, mas o tempo e as estrelas lá estão, intactas. Devido a este fator, Oyá ou Logunã, que atua na Lei do Carma, traz na vida do consulente, ao sair no jogo, ordem, luz e progresso, mas pode também trazer falta de energia e de fé, em si mesmo ou em Deus, desmagnetizando o ser e deixando-o apático e sem brilho, por vezes.

Como essa divindade carrega os mistérios das aspirais divinas, ela traz consigo, ao sair na tiragem, energias de movimentos fortes. Talvez por essa vibração que alguns a tem como Iansã do Tempo, pois, enquanto Iansã vira seu *Eruexim* e sua espada, formando furacões, Logunã vira sua espada do tempo formando aspirais, tanto positivas como negativas, e a tudo modifica, acelerando fatores de paz, luz e fé, desacelerando energia de fanatismo, ambições e desejos mórbidos.

Como carrega junto das suas ondas espiraladas os mistérios do tempo, esta lâmina, em sua representação, transcende o espaço físico, e por ser também a memória do tempo, onde tudo fica gravado, sua vibração interpenetra a mente, o passado, o presente e o futuro dos seres humanizados, tornando a vida e os oráculos um campo aberto para que aja de forma temporal e atemporal na ação de outras energias da criação divina.

Caso as coisas na vida do consulente não estejam boas, esta lâmina vem dizer que nem tudo está perdido, dispa-se de todos os pensamentos e sentimentos negativos, suas lágrimas irão regar a terra do seu caminho e germinarão sementes, ou seja, após a tempestade sempre vem a bonança.

116 | Capítulo 4

O recado neste momento é para que desapegue de tudo o que passou e traga sua mente e coração para o momento presente. Esqueça o passado, confie o futuro nas mãos do Divino Criador, mantenha sua mente no aqui agora e viva com harmonia no presente que lhe foi enviado: a dádiva da vida, de estar encarnado resgatando no tempo certo suas falhas. Permita-se brilhar. As estrelas são o símbolo da fé e desde os tempos remotos são utilizadas como guias para que os homens encontrassem o seu caminho. Nas profundezas do nosso eu, brilha todas estrelas divinas da criação, afinal, somos feitos do mesmo pó cósmico e no tempo certo de Oyá ou Logunã, todas essas estrelas se revelarão e iluminarão qualquer sofrimento que por ventura apareça

Independentemente do momento que esteja vivendo, acredite sempre no amanhã, pois o tempo que Logunã irradia tudo resolve, não há dificuldades que esta lâmina não dissipe, mesmo que esteja rodeada de cartas negativas, não perca sua fé, não perca a sua esperança jamais!

Caso o consulente necessite potencializar a força dessa divindade no seu caminho, basta pegar um coco seco, retirar a sua água e reservar. Corte-o ao meio e preencha uma das metades com a água. Ao lado do coco, coloque metade de um maracujá cortado da mesma forma. Entre eles acenda uma vela azul-escura ou branca. Feito isso, cruze o solo como sempre e faça seus pedidos a Logunã, dizendo: "Clamo a vós senhora do tempo, para que ative vosso espiral do tempo e... (faça o seu pedido)" Quando a vela terminar de queimar jogue seus restos no lixo e despache as frutas num campo aberto.

CARTA VIBRACIONAL: espiritual • positiva • arquétipo feminino • vela nas cores azul-escura ou branca.

INTERPRETAÇÃO GERAL: desapegar para haver união cósmica com o todo divino; observar os reais propósitos da vida, nem tudo está perdido; renovação após tribulações; brilho interior;

Análise das cartas do Tarô de Umbanda | 117

reiteração de fé e de propósitos; resolução de problemas; esperança; imaginação; fé; solução de dificuldades; luz para vencer obstáculos; aperfeiçoamento de caráter e de sentimentos; progresso; positividade; gratidão; confiança no presente e no futuro; amor próprio; cura mental, física, espiritual; boa sorte; limpeza e renovação interna; paz; bênçãos; serenidade; inspiração; otimismo; felicidade; realização de promessas de desejos.

ASPECTOS NEGATIVOS: desejos mórbidos; falta de brilho; ambição; caos; desequilíbrios emocionais; falta de fé; falta de energia; materialismo excessivo; apatia; desesperança; pessimismo; falta de amor-próprio; apegos; má sorte; falta de maturidade; alienação; falta de coragem e de motivação; desorientação diante dos fatos; sonhos não realizados; oportunidades perdidas.

JUNÇÕES COMPLEMENTARES: ao lado das cartas 15-Exu, 16-Pombagira e 28-Saturno, traz acontecimentos cármicos que serão positivos ou negativos de acordo com as lâminas que saírem junto. Caso esteja associada a Arcanos como 6-Oxum, 16-Pombagira e 25-Vênus, vem trazer a esperança e a realização de um forte e intenso amor, que poderá até mesmo prover de vidas passadas do consulente. Já com as cartas 12-Preto-velho, 18-Lilith e 31-Plutão, mostra que podem existir forças ocultas que estão atuando negativamente e de forma espiritual contra o consulente, gerando depressão, atrapalhações e desânimo. Se sair numa tiragem com cartas como 5-Oxalá, 1-Olorum, 2-Nanã e 30-Netuno, representa que o indivíduo tem um chamado espiritual, seja como médium de Umbanda, seja como seguidor de qualquer outro segmento religioso. Se estiver com a lâmina 10-Orumilá, 8-Xangô e 28-Saturno, traz revelações de vidas passadas; as cartas ao lado mostrarão quais serão tais revelações.

18 – Lilith

Lilith, ou Lua negra é inversa à Lua azul, representa o poder e é dita como o lado negro da Lua. Não está ligada aos Orixás de Umbanda, mas como este Tarô traz bases também astrológicas e Lilith traz uma força oculta da Lua, ficou decidido que seria a única carta astrológica dos Arcanos Maiores. Na mitologia, essa força da natureza encarna o lado oculto feminino, já para astrologia, representa frustrações, revolta e inconformismo diante de algumas pessoas ou situações na casa zodiacal que estiver atuando. Lilith pode ser sincronizada com inúmeras deusas lunares, como Ishtar, Astarte, Ísis, Cibele e Hécate, que representam forças incontroláveis do Submundo.

Na Cabala pode corresponder à décima Sefirot: *Malkuth* e, sem dúvida, de todas as histórias relacionadas à Lilith a mais conhecida é a versão judaica, na qual ela é a primeira mulher de Adão e foi feita do mesmo material que seu companheiro, o pó da terra, sendo assim a sua igual.

Quando a carta Lilith sai no jogo, desnuda a alma do consulente ou das pessoas à sua volta, revelando seus doze inimigos: a ignorância, a tristeza, a inconstância, o desejo, a injustiça, a luxúria, a decepção, a inveja, a fraude, a ira, a temeridade e a malícia.

Lilith representa o inconformismo contra tudo que não seja justo ou que oprime. Se sair rodeada de cartas positivas, traz impulso para resolver situações injustas e delibera energias físicas e espirituais negativas que estão atrapalhando o mental da pessoa e bloqueando vibrações necessárias para criar coisas novas. Mostra que o consulente deve se valorizar usando sua criatividade, seu potencial e sua força mágica para conquistar seus sonhos. Caso esteja com cartas negativas, representa a revolta de Lilith com a espécie humana e suas desmazelas, suas ambições de sempre querer mais, de reclamar do que tem ou invejar o que é do outro, arrastando a pessoa para situações de traição, desejos obscuros e revelando seus instintos sombrios. Também pode, de acordo com as lâminas que estiverem em volta, mostrar que há feitiçarias e magia negativa na vida do consulente, visto que este Arcano traz a energia do que é feito no oculto, na escuridão da noite.

Ao sair no oráculo, Lilith avisa sobre a necessidade de usar amuletos e talismãs para se proteger de energias nocivas e aflora o potencial feminino (seja o consulente de qual sexo for), trazendo à flor da pele a sexualidade ou até mesmo a necessidade dela, ligando o nosso lado obscuro ao nosso consciente.

Lilith revela as sensações de mistério, de sentimentos estranhos e por vezes depressivos, de coisas ocultas e aparentemente insolúveis, dando a sensação de medo, solidão e opressão. Associada a cartas positivas, revela necessidade e vontade única de libertação e sensação de poder. É o lado negro da Lua, mas há seu lado azul que reflete a luz do sol, então, tenha a paciência de esperar que a fase da Lua mude e possa iluminar seu caminho.

A Lua, negra ou azul, sempre será a rainha da noite. Lilith é a deusa caída do paraíso e do mundo espiritual, sendo mutável, atraente e misteriosa. É quem alimenta nossos sonhos, vícios, ilusões, aflorando nosso lado intuitivo e trazendo à tona falsas atitudes, nossas ou dos outros.

Ao sair no jogo, este Arcano revela ao consulente suas capacidades intuitivas e psíquicas, assim como os seus traumas. Se Lilith traz a potência do âmago do ser humano, também representa toda a intensidade dessa criação, suas dúvidas e seus questionamentos diante do Criador, que devem ser vistos, vividos, para só então serem resolvidos.

Mesmo sendo uma carta que apresenta uma força de natureza obscura e oculta, partindo da premissa de que luz e sombra são faces de um mesmo ser, podemos ainda assim usar o poder de Lilith a nosso favor de maneira astrológica. Para isso, numa noite enluarada, coloque uma música suave ou um rezo que lhe apeteça a alma. Faça no chão o desenho de uma Triluna com um Pentagrama no meio. Coloque na ponta de cima do Pentagrama uma vela branca, na ponta seguinte uma vela na cor amarela, uma vermelha na terceira ponta, uma vela azul-clara na quarta e uma vela verde na quinta ponta. No meio do Pentagrama coloque um copo de água, um incenso e uma pedra de sua escolha. Acenda as velas e diga: "Eu ativo os portais do Leste e peço-lhes que me irradiem a leveza do Ar, eu ativo os portais do Sul e peço-lhes que me emanem o poder e o calor do Fogo; eu ativo os portais do Oeste e peço-lhes que irradiem abundância e plenitude; eu ativo os portais do Norte e peço-lhes que me emanem estabilidade".

Respire fundo, mentalize seus sonhos e a solução dos seus problemas e clame aos portais ali ativados que despertem a Lilith que há em você para se proteger dos seus inimigos e das energias adversas. Fique o tempo que sentir necessário diante dos portais que você ativou, depois diga: "E que após todos os portais efetuarem seu ciclo, auxiliando-me através dos elementais... que haja paz no Leste, que haja paz no Sul, que haja paz no Oeste, que haja paz no Norte e que se fechem em si todos os portais, após recolher todo o negativismo e emanar a luz e a potência em mim. Que assim seja, e assim se faça!".

Feito isso, deixe as velas terminarem de queimar e limpe o local normalmente, jogando os restos no lixo e a água na terra. A pedra pode ser guardada como ferramenta de poder.

Carta Vibracional: espiritual, material e emocional • negativa • arquétipo feminino • velas nas cores vermelha e preta.

Análise das cartas do Tarô de Umbanda | 121

INTERPRETAÇÃO GERAL: dependendo das cartas que saírem junto, representa magias negativas; feitiçarias; vudus; presença de espíritos negativos; confusão; revoltas; flutuação; incertezas; frustração; apego ao passado; sedução; ânsia de liberdade; emoções à flor da pele; viver no mundo dos sonhos; sensualidade e sexualidade forte; mediunidade e intuições afloradas; o oculto; carmas expurgados; sensação de vazio; depressão; inconformismo; falta de harmonia interna; solidão; vícios; acontecimentos relacionados com vidas passadas; falsidades; fofocas; falsas aparências; instabilidade emocional; mágoas; tristezas; melancolia; medos; insegurança; saudades do passado; segredos ocultos; ilusões; decepções; imaginação fértil; ansiedade; devaneios; reclamações em demasia; falta de clareza mental; pensamentos em turbilhão.

ASPECTOS NEGATIVOS: íncubos e súcubos estão atuando contra você neste momento; traições; inveja; magias negativas; atuação de forças incontroláveis do Submundo; forças inconscientes; impulsos obscuros e mundanos; ciúme excessivo; tristeza; enganos; cobranças cármicas; sofrimentos; renúncias; paixões tóxicas; energias hostis; sentimento de revolta; perturbações conjugais; desarmonias; mágoas constantes; possibilidade de alucinações; síndrome do pânico; tendência a ilusão; revelação de segredos que trazem decepção; insônia; opressão; roubos; perdas.

JUNÇÕES COMPLEMENTARES: ao lado de Arcanos como 19-Oxóssi e outras cartas negativas, representa falta de clareza mental, turbilhões mentais negativos. Com as cartas 2-Nanã, 30-Netuno e 5-Oxalá, se estiverem ao lado de cartas positivas, pode representar que o indivíduo possui forte mediunidade e um chamado para o caminho espiritual e para o seu lado bruxa(o). Associada com 28-Saturno, 23-Lua e 31-Plutão, mostra traumas, cobranças, apegos ou acontecimentos provindos de vidas passadas. Com as cartas 15-Exu e 16-Pombagira, pode representar trabalhos negativos ativados contra a vida do consulente e inveja de pessoas ao seu redor. Com o Arcano 9-Obaluaiê e 12-Preto-velho, mostra a atuação de espíritos negativos (*eguns*) atrapalhando a vida do consulente. Se na sequência dessa última jogada houver a carta 16-Pombagira, mostra que estes espíritos são súcubos (espíritos negativados femininos), ou, se na sequência tiver a 15-Exu, representa a presença íncubos, neste caso, espíritos masculinos negativados.

19 – Oxóssi

Esta carta emana calor, luz e conhecimento e traz vibrações tão positivas que seria possível desbravar qualquer mata, por mais fechada que fosse. É o alicerce básico para começarmos nossa caminhada evolutiva com força e leveza nos mais diversos setores. Olorum conhece e cuida de todos os seres, para isso criou esta divindade, que é poderosa e uma das mais conhecidas do panteão umbandista. Dentro de um jogo, esta lâmina vem preencher vazios, tornando o indivíduo um semeador de terra férteis e de matas verdejantes.

Oxóssi é o Orixá da caça, o caçador que vai buscar o alimento para pôr na mesa, representando assim a fartura e a abundância quando sai numa tiragem, fazendo com que o consulente evolua de forma leve com a compreensão do que ocorre ao seu redor, pois Oxóssi busca e caça o conhecimento em todos os sentidos, trazendo força para correr atrás de tudo que lhe apetece a alma e de todos os seus sonhos. Ele é a abundância que alimenta o espírito desbravador, o corpo e o coração de quem acredita e tem fé em Olorum. Quando a flecha de Oxóssi é lançada num jogo, o consulente passa ou passará por um período de raciocínio rápido, ideias fáceis e fluidez nos pensamentos, deixando todas as ações e acontecimentos diários com mais rapidez.

Esta lâmina age diretamente no chacra frontal do indivíduo e, com sua vibração curadora, auxilia na cura e no fortalecimento do corpo e do espírito, que carrega seus mistérios e a força vegetal da mata, das plantas e das ervas que Oxóssi traz.

Ao sair num jogo, este Arcano também aponta o melhor caminho a ser percorrido de acordo com as cartas ao redor e ajuda o indivíduo a expandir em todos os setores da vida, despertando a onisciência da força divina que há dentro de nós.

Oxóssi traz potência, o Sol, o brilho interior que desperta nossos talentos, podendo ser uma nova religião, um dom artístico ou até mesmo o aprofundamento de forma consciente em um segmento religioso, um estudo ou uma ideologia, como se tornar vegano, por exemplo. É o Arcano que expande as faculdades mentais e intelectuais do ser humanizado, aguçando o raciocínio e a vontade de crescer, evoluir e mudar para melhor. Essa lâmina representa o arquétipo do guerreiro forte e inteligente, que não usa força bruta, preferindo um bom diálogo para resolver qualquer problema e para atingir os seus objetivos.

É o Orixá que faz muito com poucos recursos, pois usa de seus conhecimentos para expandir e transpor qualquer obstáculo, só agindo quando tem certeza do sucesso, ou seja, é a flechada certeira.

Se o consulente agir corretamente, com respeito ao livre-arbítrio de todos e com compreensão de suas falhas, cuidando de si e de seus irmãos, irmãs, da sua tribo, da sua família (terrena, espiritual ou ambas), estará sempre amparado pelas irradiações positivas dessa divindade. Quando associada a cartas negativas pode emanar no jogo energias de nervosismo sobre a pessoa,

124 | Capítulo 4

falta de clareza mental e confusões no raciocínio e em projetos financeiros, gerando bloqueios, confusões e problemas materiais, podendo ocorrer também instabilidade na vida amorosa ou tendências a ter vários relacionamentos e atração pela boemia, com tendência a tornar o indivíduo narcisista, agressivo, grosseiro e até mesmo indiscreto.

A real força que esta lâmina traz em si é a incitação ao recomeço, a caminhar com segurança e não dar atenção aos medos e obstáculos que o cercam. O brilho que esta carta emana ao sair, assim como o Sol, ilumina qualquer escuridão, mesmo que rodeada de cartas negativas, gerando, se necessário, parcerias e ideias para projetos materiais, emocionais ou espirituais, anunciando um novo ciclo na vida da pessoa, melhor que o anterior se estiver rodeado de Arcanos positivos, revelando um período de iluminação, nutrição, fartura, prosperidade e pedindo que o consulente caminhe sempre com humildade e simplicidade para não atrair para o seu caminho a força de Orumilá e se perder nas mãos da roda do destino.

Na mitologia grega, Apolo é o Deus do Sol, aquele que valoriza o intelecto e o raciocínio lógico. Em nosso sincretismo este Arcano vem trazer essa mesma força e aflora no ser humano energias multifacetadas, como os raios do sol, que nos faz entender que o mundo terreno, assim como o espiritual, tem o seu valor, a sua dádiva e suas compensações, ressaltando nossas melhores habilidades. Em uma tiragem, ele emana força, vitalidade, alegria, expansão nos negócios ou na vida amorosa e abertura de caminhos. Mesmo que haja cartas negativas, a flecha de Oxóssi rompe a escuridão da mata para iluminar e indicar o melhor caminho a seguir.

Para ativar a força dessa divindade em seu caminho pegue uma cabaça, tire a tampa, limpe o interior e coloque dentro dela sete sementes de milho de pipoca, sete sementes de girassol, sete sementes de romã, sete grãos de arroz, sete grãos de feijão de corda ou fradinho, sete grãos de lentilha e sete sementes de grãos de bico. Coloque a cabaça dentro de um recipiente virgem e descarregado (lave com ervas ou pinga). Acenda ao lado uma vela verde ou branca com um copo de cerveja branca ao lado. Ative essa firmeza cruzando o solo, clamando a Oxóssi que imante suas forças poderosas sobre os elementos ali colocados e que transforme essa cabaça em um portal permanente de paz, luz, prosperidade, proteção, saúde e fartura em seu lar. Quando a vela terminar de queimar, coloque a cabaça pendurada atrás da porta de entrada ou dentro de um vaso de plantas. Deixe este vaso na porta de entrada, de preferência do lado de dentro da sua casa. Na cabaça, você pode fazer dois furos na tampa que foi retirada e na parte que foi cortada para fechá-la após a imantação.

Carta Vibracional: material e emocional • positiva • arquétipo masculino • vela nas cores verde-mata ou branca.

Interpretação Geral: rapidez; êxito; agilidade; expansão; raciocínio rápido e lógico; notícias boas; clareza mental; luz própria; brilho interior; empolgação; vibrações positivas; novas conquistas; força; potência; abundância; fartura; prosperidade; mudanças rápidas; saúde; força de vontade para realizar objetivos; impulsos positivos; flechada certeira; expansão em todos os sentidos da vida; habilidades que afloram; novidades; contentamento; dias melhores; início de um caminho próspero e feliz; simplicidade; humildade diante dos desafios; alegrias; sucesso nos negócios e no amor; crescimento material ou espiritual; união feliz; momentos de diversão; otimismo; entusiasmo; celebrações; boa sorte.

Aspectos Negativos: relacionamentos amorosos sem controle; promiscuidade; irritação; nervosismo; confusão mental; bloqueios financeiros; confusão na parte material; ansiedade; insônia; problemas de saúde; raciocínio lento; desânimo; egoísmo;

empolgação com coisas que poderão dar errado; alienação; violência; fingimento; ego; impressões errôneas sobre algo ou alguém; cansaço excessivo; aridez; sucesso parcial e realizações que não acontecem ou param no tempo.

JUNÇÕES COMPLEMENTARES: este Arcano ao lado da lâmina 23-Lua, pode representar que para o consulente sua família e relacionamentos são muito importantes, já com as cartas 24-Mercúrio e 14-Obá, traz raciocínio rápido, solução de problemas e a possibilidade de estudos. Com 9-Obaluaiê, 12-Preto-velho e 33-Caboclos, mostra cura para problemas de saúde ou espirituais. Ao lado de 13-Omulu e 31-Plutão, pode emanar bloqueios e paralizações que impeçam a fartura. Quando sai com as lâminas 6-Oxum e 25-Vênus, trazem um encontro de almas e a possibilidade de o indivíduo vivenciar um grande amor, porém, se na sequência estiver a carta 16-Pombagira, cuidado com relações de chama gêmea, que podem trazer intensidade mais sexual do que amorosa, principalmente se 18-Lilith aparecer na jogada, podendo até gerar promiscuidade. Por fim, com 27-Júpiter e 22-Sol significa intelectualidade e sucesso total em todos os empreendimentos.

20 – Baianos

Os Baianos na Umbanda remetem aos ilustres Sacerdotes da Bahia, "os pais e mães de santo", que são geralmente arquétipos alegres, extrovertidos e que conseguem fazer o consulente, em suas consultas, ressurgir das cinzas como uma fênix e renascer com as suas vibrações de positividade. Seus mistérios quebram demandas e reconduzem forças negativas aos seus

Análise das cartas do Tarô de Umbanda | 127

devidos lugares. São conhecedores de mandingas e de feitiços tão poderosos que mal podemos imaginar, além de ser umas das linhas responsáveis pela popularização da Umbanda de forma expansiva. Tecnicamente, ao virem na Umbanda trabalhar com seus médiuns, os Baianos só estão dando continuidade ao que já faziam quando viviam na vida terrena. Esta falange traz a presença e a força de Sacerdotes mestres rezadores, Babalorixás ou Ialorixás e sua sabedoria ancestral.

Durante um longo período, os Baianos tiveram sua atuação restrita dentro dos templos de Umbanda, porém foram ganhando espaço e hoje, ao chegarem num trabalho espiritual, assim como ao sair em um oráculo, trazem irradiações de alegria contagiante, representando firmeza de caráter e apontando, dependendo das cartas que saírem junto, a necessidade de procurar um Babalorixá, um dirigente espiritual ou Sacerdote para auxiliar em sua jornada espiritual, desmanchando demandas ou simplesmente trazendo orientações salutares que vão guiar o indivíduo para um caminho melhor ou para ajudar a solucionar problemas.

Esta carta anuncia que suas preces foram ouvidas, como se estivéssemos no juízo final e Olorum nos desse a ordem de levantar do sono eterno e ter a paz, a alegria prometida das crenças cristãs e ir morar no "paraíso" (essa seria a representação do Céu para os cristãos, mas para os umbandista e espíritas a morte não é o fim, e o Céu nada mais é do que colônias espirituais, como Aruanda, por exemplo). Esta carta vem dizer ao consulente que o pior já passou e o momento é de renascer, ressurgir para um novo momento da sua vida.

Ao sair num jogo, esta lâmina mostra que mesmo que o indivíduo tenha visto suas ilusões morrerem, é dado o momento de renascer das cinzas como a fênix, dando vida ao que estava morto, recuperando sua alegria, sua energia em viver, trazendo a compreensão de que se esperarmos a felicidade vir até nós, ela nunca chegará.

Perceba que sua alma está madura para percorrer qualquer caminho, estrada ou floresta, porque em cada encruza que passar irá acender uma vela e assim iluminar o seu caminhar, direcionando para que seus pés sempre pisem firmes e seguros com a proteção dos Baianos, deixando os velhos modos de pensar, que já não lhe cabem mais, para trás. Liberte-se de qualquer condicionamento interno ou externo, de todos os julgamentos sobre si ou sobre outras pessoas, aprenda a dizer não e vá ser feliz como quiser ou melhor lhe provier. Mesmo que haja pessoas, fatos, ou até mesmo magias negativas agindo contra o consulente, enquanto a pessoa agir como essa força divina dos Baianos, balançando os coqueiros da vida que, ao caírem ao chão, seus frutos quebram as forças inimigas, arrebentando as demandas, ela será protegida, porque Baiano bom é o que sabe trabalhar, e ninguém derruba quem eles protegem.

Ao sair numa tiragem representam, além de proteção, o chamado da trombeta do juízo final. É hora de sacudir o pelourinho e cortar as algemas que prendem ao passado, ao sofrimento, medos, preconceitos, achismos, preocupações com a opinião alheia, sentimento de culpa, etc. Vença os desafios que lhe foram impostos com a alegria e a força do povo Baiano que vive dentro de si. Estamos todos a procura do caminho da evolução espiritual e da real reforma íntima necessária, porém, este processo de ascensão é individual, assim como cada Baiano, por mais iluminados que sejam, galgaram sozinhos as edificações da alma através da sabedoria provinda de suas expiações terrenas e hoje trazem toda essa sabedoria ancestral para nos ajudar, seja no oráculo, seja na Umbanda.

Existe um chamado interior que nos leva a questionar nossa existência, e este chamado acontece neste momento dentro da vibração dos Baianos na vida do consulente, reconhecendo a verdade que está dentro de cada ser, orientando a um alinhamento

Análise das cartas do Tarô de Umbanda | 129

de chacras e coisas do tipo que possam potencializar essa ação e auxiliar o consulente a despertar seus potenciais sem receios, como se fosse um chamado para se ter uma vida mais consciente diante das reais capacidades que o indivíduo possui, auxiliando-o a alcançar a plenitude.

Este Arcano, portanto, representa proteção forte e a necessidade de um direcionamento ou renascimento espiritual, mental e emocional do consulente, para despertar nele a liberdade de expressão de suas vontades e de suas reais habilidades e alegrias, trazendo, com naturalidade, a necessidade de expurgar pensamentos que lhe incomodam. Muitos problemas ou bloqueios simplesmente evaporam quando são jogados para fora do ser e, consequentemente, geram um grande crescimento espiritual, material, psicológico e principalmente emocional.

Para trazer a ajuda dos Baianos na sua jornada terrena, pegue um coco seco, faça um furo nele, tire a água, ponha dentro dele um ou vários papéis pequenos e escritos a lápis com tudo que for de negativo que estiver atrapalhado a sua vida. Faça um canudo bem fininho com estes papéis para facilitar a entrada no furo feito no coco e depois firme uma vela bicolor (preta e amarela) para os Baianos e peça para recolherem toda a negatividade da sua vida e do seu lar para dentro dessa firmeza. Após reforçar os pedidos mentalmente, tampe o furo com a cera da vela e quando terminar de queimar, pegue o coco, leve até o Cruzeiro de um cemitério e deixe ele ali, pedindo para que todo o mal de sua vida seja recolhido na força do Cruzeiro das almas e dos Baianos.

CARTA VIBRACIONAL: material e espiritual • positiva • arquétipos masculinos e femininos • vela na cor amarela, mas pode usar outras cores.

INTERPRETAÇÃO GERAL: alegrias inesperadas; renascimento; ressurgir da cinzas; soluções repentinas; transparência; recondução de força negativas a locais adequados; firmeza de caráter;

130 | Capítulo 4

pessoas honestas à sua volta; melhoria de crises; deixar suas vontades fluírem; necessidade em dizer o que pensa; fortaleza; proteção divina; despertar do potencial; forças ancestrais afloradas; caminhos abertos; demandas quebradas; chamado para o sacerdócio; energias positivas vibrando; grandes transformações; nascimentos; qualidades e habilidades aflorando; melhora de uma fase difícil; mudanças internas; vocações sendo despertadas; decisões a serem tomadas; redenção; perdão; crescimento interior.

Aspectos Negativos: sentimento de culpa; orgulho; energias negativas atrapalhando; indecisões; falta de energia e de entusiasmo; tendência à tristeza; julgamentos desnecessários; magias negativas ativadas e precisando ser quebradas; dificuldade de enxergar além; rompimentos; medo do desconhecido; ansiedade; prisões internas; desprezo às coisas espirituais, materiais ou emocionais; dúvidas em relação a qual caminho seguir; mudanças difíceis; mágoas que não são superadas; atrasos; falta de perdão.

Junções Complementares: com cartas como 10-Orumilá e 28-Saturno, traz ancestralidade, encontros e acontecimentos ligados a vidas passadas (resgates cármicos ou dharmas a serem recebidos). Já ao lado de 18-Lilith, 15-Exu e 12-Preto-velho ou 31-Plutão representa mandigas, velas que foram acessas com intuito de prejudicar e a necessidade de "quebrar" tais energias negativas. Associada ao 5-Oxalá, 12-Preto-velho e 30-Netuno, mostram que o consulente precisa de auxílio espiritual. Se sair com a carta 19-Oxóssi e 27-Júpiter, desperta e revela potenciais, trazendo novidades e habilidades. Com 5-Oxalá, 1-Olorum e 30-Netuno, revela um chamado para vida de sacerdócio que o indivíduo pode estar ou não cumprindo.

21 – Ciganos

Esta falange tão maravilhosa não é uma manifestação genuinamente umbandista, pois os Ciganos já atuam antes do advento da Umbanda com suas crenças e magias pouco conhecidas dentro dos ritos espíritas que atuam com a incorporação. Portanto, traremos nesta lâmina a leveza, a sabedoria e a animação que os Ciganos geram dentro da Umbanda Contemporânea e em seus médiuns. Traremos essa representação aqui neste oráculo, visto que eles foram adaptados à Umbanda e essa é a ideologia deste Tarô: redirecionar os Arcanos a partir dos sincretismos umbandistas.

Os rituais e fundamentos dos Ciganos, que foram adaptados para o povo do ocidente, remontam a um passado multimilenário e estão conectados com os mistérios desse povo e expressados na força intrínseca deste Arcano. Sua irradiação trabalha diretamente com a prosperidade, por atuarem com a sabedoria ancestral, trazendo positividade em todos os sentidos da vida, incluindo no aspecto amoroso. Sua regência e proteção vem de Santa Sara Kali, que na teogonia umbandista representa Oro Iná ou Egunitá, porém atuam com outras irradiações regentes em alguns templos dentro dos ritos de Umbanda, que, por vezes, trazem as forças das divindades Logunã e Iansã.

Esta carta traz uma força espiritual muito antiga. Representa o mundo aos pés do consulente, pois a falange cigana é desbravadora. O mundo é a sua morada e, ao sair num oráculo, trazem saúde, felicidades, festas, amor, dinheiro e forças magísticas em ação, como se o mundo estivesse nas mãos do indivíduo, representando a força do espírito livre.

132 | Capítulo 4

Se sair com cartas negativas, este Arcano pode estar querendo avisar sobre forças contrárias que podem gerar perdas irreparáveis, destruições, falências e rupturas por falta de comunicação, como se o mundo estivesse desmoronando. Se esta lâmina estiver negativada com outras cartas, pode ser um alerta de acidentes. Para negativar este Arcano não pode haver nenhum outro positivo à sua volta, pois a força ígnea das fogueiras ciganas a tudo queima, e a força de vida que este povo representa dentro deste oráculo e dentro da Umbanda são indestrutíveis, portanto, se houver uma carta positiva, dará potência a esta carta em todos os sentidos.

Ao sair numa tiragem, os Ciganos, se associada a cartas que trazem cobranças cármicas, podem potencializar acertos ou ajustes de contas do passado. Ao lado de cartas positivas, mostra que há boa sorte chegando na vida do consulente, principalmente no quesito financeiro, afinal, o povo que carrega ouro até nos dentes, traz essa mesma energia na vida da pessoa ao aparecer no jogo e em qualquer ponto que esteja do oráculo. Notícias boas ou ruins vão chegar, para saber como e em qual setor da vida, basta olhar as cartas em volta, podendo representar um ou vários setores do caminho.

Este Arcano mostra que, assim como o mundo está aberto para as carroças ciganas passarem, também está aberto o caminho do consulente para ele passar com seus projetos e sonhos, percebendo a beleza que existe em suas conquistas e no que ainda poderá alcançar, percorrer e conquistar. Os Ciganos trazem energia para romper barreiras internas, acendendo a fogueira da sua alma para expandir no mundo exterior rumo à vitória. Esta carta diz que o consulente deve unir as forças conscientes e inconscientes de forma harmônica para ter equilíbrio e controle total sobre o que ocorre à sua volta neste momento, trazendo à tona sua identidade e a clareza da necessidade em

Análise das cartas do Tarô de Umbanda | 133

ser você mesmo diante de qualquer situação, enxergando a vida e o mundo terreno como um presente, uma dádiva a ser conquistada e comemorada a cada dia, assim como os ciganos celebram suas existências em volta de uma fogueira.

Suas atitudes, suas escolhas e desejos dirão a qual mundo você pertence hoje, pode ser que não seja mais ao qual já pertenceu um dia, já que algo mudou, cresceu dentro de si, mesmo que seja a sua força interior mostrando que pode alcançar o que quiser enquanto for possível

Começos e fins são necessários e ocorrem o tempo todo, pois nada é imutável. As grandes conquistas, as grandes mudanças na história vieram de momentos que pareciam não ter saída ou um fim. Caso o indivíduo esteja numa situação assim, a solução não tarda a chegar, pois a irradiação deste Arcano traz novos inícios e impulsos para conquistar e resolver qualquer coisa, gerando frutos para as gerações futuras, deixando o seu legado. Os ciganos, com sua crença na Roda de Samsara (fluxo incessante de renascimentos através dos mundos), revelam que não há ponto final, mas, sim, eternos recomeços, porém melhores, afinal, cigano só assenta acampamento onde há fartura, proteção para o clã e para que todos possam celebrar a vida. Esta é mensagem deste Arcano: "celebre a vida, use das ferramentas à sua disposição para conquistar o mundo que lhe cerca, você pode e o momento de vencer é este!"

Uma maneira de trazer a força e a energia do povo cigano em seu caminho é usar um caldeirão ou fazer uma fogueira. Pegue alguns galhos secos de alecrim, feche os olhos e mentalize os Ciganos que o acompanham espiritualmente, pedindo a eles prosperidade, amor e proteção em todos os sentidos da vida. Após mentalizar seus pedidos, repita-os em voz baixa (sussurrando) e jogue o galho no caldeirão ou na fogueira, um a um. Pode-se utilizar de um a sete galhos secos de alecrim para tal magia.

134 | Capítulo 4

Procure realizar este rito em parceria com alguns amigos de confiança, pois o povo cigano não gosta de andar só e isso vai potencializar sua força. Após todos terem feito seus pedidos, escolham um ponto de Umbanda ou um rezo para cantarem juntos em volta da fogueira (ou de um caldeirão) e finalizar este ritual cigano.

CARTA VIBRACIONAL: material e espiritual • positiva • arquétipos masculinos e femininos • velas de todas as cores, menos a preta.

INTERPRETAÇÃO GERAL: comemoração; leveza; oportunidades; sabedoria nas ações; iluminação; boa sorte; espírito livre; sensação de totalidade; mundo em suas mãos; boa saúde; momentos de felicidade; proteção material, espiritual e emocional; realizações e sucesso em todos os sentidos; dinheiro chegando; abertura de caminhos; barreiras vencidas; movimentos providenciais positivos; encontrar o seu lugar no mundo; equilíbrio entre o bem e o mal, o feminino e o masculino, *yin* e *yang*; energias opostas; harmonia entre espírito e a matéria; plenitude; satisfação; criatividade; comunicação física e espiritual; conclusão de projetos; vitórias; recompensas ou heranças chegando; términos e recomeços acontecendo rápido; possíveis viagens; apoio do plano espiritual e astral.

ASPECTOS NEGATIVOS: forças contrárias que impedem a realização de objetivos; perdas; roubos; destruições; separações e rupturas dolorosas; falta de movimentos e de discernimento diante de problemas; má sorte; atraso em projetos; escassez de dinheiro; apego material; espíritos presos à matéria; estagnação; decadência; necessidades mundanas; hesitação diante de responsabilidades; negócios que não dão certo; falsidades; rotinas cansativas; dificuldade em concluir trabalhos; falta de proteção espiritual.

Junções Complementares: associada com os Arcanos 24-Mercúrio, 10-Orumilá e 1-Olorum, traz notícias boas. Com 15-Exu, 18-Lilith e 31-Plutão, representa perdas, destruições, desmoronamento de ilusões ou sonhos sem embasamento - também pede para tomar cuidado com roubos. Ao lado da lâmina 10-Orumilá e rodeado de cartas positivas, traz forças de boa sorte do passado e do presente. Com 5-Oxalá e 19-Oxóssi, pode revelar dons que a pessoa por vezes até desconhece. Com as cartas 12-Preto-velho, 19-Oxóssi, 33-Caboclos e 32-Quíron, traz a cura para o consulente ou parentes próximos. Com 17-Logunã e 28-Saturno mostra coisas do passado que afetam o consulente, ou, se após 17-Logunã tiver 10-Orumilá e dependendo da posição no jogo, representa algo no futuro que pode afetar o consulente.

22 – Sol

Este Arcano dá início à parte das cartas secundárias, pois traz o significado das forças astrológicas com a vibração dos Orixás de Umbanda, afinal, o sincretismo do saber que cerca a humanidade irradia e sustenta a existência da criação muito antes de nós. Ao sair num jogo, esta carta traz a representatividade da força masculina dentro do Universo, trazendo a energia *yang*, a expansão e a criatividade em todos os sentidos da vida e também a consciência total de todas as qualidades reunidas dentro do ser, mostrando no jogo que o indivíduo se expressa de forma racional e intensamente, possuindo capacidade para brilhar (tudo o que estiver associado a esta lâmina tem tendência a brilhar), aumentando as crenças, gerando amores e até a fé em si mesmo.

136 | Capítulo 4

Se associado a Arcanos negativos, a presença desta lâmina, devido a sua potência, pode gerar problemas, trazendo egoísmo por parte do indivíduo ou das pessoas ao seu redor, revelando atitudes de arrogância e falta de sensibilidade que devem ser contidas, pois atitudes de rompantes calorosos poderão a tudo queimar e consumir. Mas ao contrário, quando esta carta sai com lâminas positivas, traz harmonia, força e potência para qualquer realização, transformando a noite em dia, aquecendo todos os projetos, o espírito e o coração do indivíduo com o seu calor acolhedor do astro Sol, ajudando o consulente a expor sua real personalidade, brilhando diante de qualquer situação, já que o Sol é a estrela que se vê mais radiante no céu.

Esta lâmina faz um associação na mitologia com o Deus Hélios ou Apolo, e na astrologia com a casa CINCO do mapa astrológico, que é a casa natural do Sol e também do signo de Leão, somando na representatividade desta carta a necessidade, no indivíduo, de autoexpressão e de mostrar a sua real personalidade para conseguir buscar a verdadeira felicidade e força energética que está dentro do seu interior só esperando ser acionada. Caso a pessoa passe por dificuldades, o Sol, no seu jogo, vai iluminar e queimar qualquer negatividade, emanando inspirações e intuições positivas para solucionar os contratempos com espontaneidade e facilidade, irradiando união familiar, melhoria em relacionamentos e sucesso em todos os empreendimentos.

A excitação faz parte da energia deste Arcano, ajudando a impulsionar as ações interiores, aflorando a individualidade do ser, podendo trazer à tona particularidades da sua personalidade que até então desconhecia, como, por exemplo, vontade de cozinhar, dançar, cantar, etc. Coisas que permitam a pessoa ser como gostaria em essência, auxiliando-a a vivenciar momentos de plenitude e realização pessoal.

Outro significado que esta carta traz são as novidades no dia a dia do consulente, representando novos amores, novos projetos, um novo futuro ou até mesmo mudança de residência ou de emprego, pois carrega a energia potente e vital do fogo dentro do oráculo, trazendo vitalidade, entusiasmo, dinamismo em todos os aspectos e, por estar aqui trazendo a representação da casa CINCO, que é uma casa astrológica fixa, soma-se a interpretação desta lâmina à força da persistência, à estabilidade e à solidez em qualquer coisa a se realizar no caminho da pessoa, revelando pessoas de confiança e de caráter rígido à sua volta, aconselhando apenas a tomar cuidado com o orgulho desmedido que pode ser emanado pela força da casa natural do signo de Leão, a qual pede um certo cuidado com a vaidade e o ego em suas realizações e relações.

Ao sair na tiragem e dependendo da posição em que esteja, pode mostrar também a figura do próprio consulente, se for um homem, mas caso seja uma mulher, representa os homens de sua vida como pai, marido, filhos, irmãos, etc.

Existem várias formas de se conectar e ativar o elemento Sol em seu benefício. Uma delas é pegar um colar ou um anel com uma ágata de fogo e colocá-lo por uma hora diante da luz solar do meio dia. Após isso, recolha o objeto, desenhe no chão, com um giz ou pemba branca, um triângulo (símbolo do elemento Fogo). Coloque dentro do triângulo um recipiente com uma vela branca ou vermelha ao lado do objeto e diga: "Clamo ao portal do Sul para que ative vossos poderes neste objeto e perpetue nele as forças do poderoso elemento Sol, ativando energeticamente nele as potências do Fogo sagrado. Que assim seja e assim se faça!"

CARTA VIBRACIONAL: material • positiva • arquétipo masculino • velas nas cores amarelas, douradas ou vermelhas.

138 | Capítulo 4

INTERPRETAÇÃO GERAL: presença de figura masculina em seu caminho; racionalidade; personalidade forte; ego; força de equilíbrio; brilho interior e exterior; potências sendo reveladas; novos hobbies; fé em si mesmo; intensidade; energia masculina; criatividade; autoexpressão; individualidade; espontaneidade; excitação; entusiasmo; dinamismo; persistência; estabilidade; acontecimentos importantes no futuro próximo; pessoas de confiança à sua volta; caráter rígido; solução de contratempos.

ASPECTOS NEGATIVOS: arrogância; atitudes estúpidas e agressivas; egoísmo; egocentrismo; individualismo; excesso de racionalidade; falta de sensibilidade ou de humildade; consumismo; fortes tendências a todos os tipos de vícios; atitudes explosivas; possessividade; relacionamentos intensos e abusivos.

JUNÇÕES COMPLEMENTARES: ao lado dos Arcanos 15-Exu e 16-Pombagira, emana, atitudes de arrogância, orgulho, materialismo, ambições desmedidas, frustrações, etc. Vindas dele ou de outras pessoas. Se na sequência tiver a carta 18-Lilith, mostra tendências a promiscuidade e a ter casos amorosos. Já com as lâminas 27-Júpiter e 4-Ogum revela a chegada de grandes conquistas e abertura de caminhos na vida do consulente. Com 6-Oxum e 25-Vênus, revela um novo relacionamento duradouro, profundo e cheio de amor e sensibilidade. Com 1-Olorum e 5-Oxalá irradia a fé inabalável. Ao lado de 10-Orumilá pode estar falando sobre o futuro. E, por fim, ao lado da carta 4-Ogum, representa energia paternal.

23 – Lua

A carta da Lua representa as emoções, a energia *yin*, os instintos, a intuição e o princípio feminino regendo a vida, a fertilidade, as aventuras e as coisas ocultas, espirituais ou do inconsciente. Traz na vida da pessoa a sensação de introversão e a necessidade de silêncio, vontade de ficar isolado, dentro de casa, além do apego e da necessidade de estar com a família, tendo nos familiares uma forte influência. Representa todas as reações instintivas que temos diante de situações que nos oprimem ou quando não sabemos como agir diante de algo.

Oposto à lâmina Sol, A Lua mostra certa dificuldade da pessoa em ser racional, agindo na maioria das vezes de forma emocional, significando que deve equilibrar sua mente e seu coração para que seja primeiro justa consigo mesma. Este Arcano revela que o consulente deve observar a forma como se expressa e tomar cuidado para não guardar demais o que pensa ou o que sente. Como a Lua reflete os raios do Sol, da mesma forma, ao sair no jogo, ela reflete como irradiamos nosso passado. Esta lâmina representa fatos ou pessoas do passado que ainda influenciam a vida do consulente. Ao sair com cartas que façam referências ao carma, pode representar até mesmo alguma força ou fatores atuando relacionados com vidas anteriores, que podem estar atrapalhando no momento presente. Representa também as experiências passadas como a infância e fatos que o indivíduo viveu na atual existência e como, dessa maneira, criou-se seu mundo interior, a sua visão de si mesmo e suas reações diante do que sente e viveu até aqui.

Caso saia rodeado de cartas negativas, revela memórias tristes ou acontecimentos que o indivíduo não consegue se

140 | Capítulo 4

desvencilhar, trazendo respostas por vezes do porquê destes momentos e de como, inconscientemente, o consulente atraiu para si tais situações, das quais não consegue se abster.

Dentro da visão astrológica, a casa natural do satélite Lua é a QUATRO, que simboliza os ciclos da vida, o começo, o meio e o fim de tudo que inevitavelmente pode acontecer. É justamente este movimento cíclico que compõem nosso desenvolvimento emocional e espiritual, revelando nas cartas que saírem na sequência deste Arcano as tendências energéticas que a pessoa carrega e as influências do passado que estão alterando ou não o atual momento, seja sua história familiar, seja de sua encarnação, e também de como está a sua reação emocional diante de tais fatos, se há paz interior ou conflitos dentro do ser e do seu lar, podendo até trazer o recebimento de heranças se essa carta sair ao lado de outras que se refiram à bens materiais e processos semelhantes que envolvam dinheiro.

Ao sair num jogo a Lua traz à tona a força ancestral do consulente e revela também que hoje seus sentimentos mais profundos estão ligados às suas experiências ancestrais e familiares. Caso saia ao lado da lâmina do Preto-velho, revela que a casa onde o indivíduo habita no momento presente está carregada de vibrações negativas, necessitando de uma limpeza ou defumação. Com a representatividade da casa astrológica QUATRO, que é cardinal e aquática, vem dizer no jogo que tudo pode ser mutável, tanto as coisas boas como as ruins. A força do signo de Câncer vibra em uníssono com essa casa astrológica cardinal, trazendo dificuldade em se desvencilhar de raízes e traumas nocivos do passado ou até mesmo influências familiares negativas. A energia deste Arcano emana senso de direção que provém da vibração natural da água, que a tudo contorna com sua maleabilidade, trazendo orientação aos objetivos, jogo de cintura diante das adversidades do dia a dia e automotivação no presente imediato, mostrando um lado empreendedor, solucionador e voluntarioso que talvez o indivíduo até desconheça, pois a força da água que este satélite carrega em sua casa natural e que vibra em nosso oráculo ajuda na fluidez de tudo o que ocorre em nossa jornada, acalmando, tranquilizando e emanando paciência e discernimento sobre qualquer situação.

Esta lâmina, de acordo com a sua posição na tiragem, pode também representar o consulente, caso este seja uma mulher, mas se for homem, significa presença de uma figura feminina, podendo ser uma mãe, esposa, irmã, etc.

Para trazer a fluidez da Lua em seu caminho, desenhe a lápis em um papel duas meias-luas (crescente e minguante), unidas pelas costas e coloque ao relento numa noite de Lua cheia, com um copo de água mineral em cima, dizendo: "Clamo ao portal do Oeste que ative vossos poderes neste desenho e o potencialize como um sigilo, imantando nele as forças da poderosa Lua, ativando-o energeticamente com as potências da água sagrada que a tudo faz fluir, limpando meu emocional e potencializando meus dons. Que assim seja e assim se faça!". Deixe o desenho e o copo ali ao relento durante uma hora, após este período, beba a água e faça um patuá com o símbolo que foi imantado.

CARTA VIBRACIONAL: emocional e espiritual • negativa • arquétipo feminino • vela nas cores prata, branca ou azul-clara.

INTERPRETAÇÃO GERAL: emoções à flor da pele; presença de uma figura feminina em seu caminho; memórias; apego ao passado; família; ciclos da vida a serem vivenciados; recebimento de heranças; intuição e emoções afloradas; surgimento de dons; energia feminina; instintos latentes; gestação ou gravidez próximas; tendência a introspecção e a esconder o que sente e pensa; influências do passado; abnegação voluntária; mudanças (podendo ser boas ou ruins); desejo de viver aventuras emocionais.

Aspectos Negativos: imprudências; atitudes volúveis; inseguranças; memórias tristes; apegos a fatos passados; impaciência; instabilidade emocional; desequilíbrios e rompantes emocionais; oportunismo; problemas do passado; tendência a gerar situações desagradáveis e a guardar rancor.

Junções Complementares: se estiver com Arcanos como 10-Orumilá, representa fatos do passado atrapalhando ou ajudando o consulente no momento presente de acordo com as cartas que saírem em volta. Já ao lado de 32-Quíron, 12-Preto-velho e 28-Saturno, revela que há sacrifícios no aqui e agora que são resgates de vidas passadas, mas após a sequência das lâminas 0-Erês, 12-Preto-velho, 31-Plutão e 28-Saturno, revelam traumas de infância, podendo se referir a bullying ou até mesmo a abusos se houver 18-Lilith na sequência. Associada a 16-Pombagira, 6-Oxum e 3-Iemanjá mostra gravidez e muita fertilidade. Já com as cartas 1-Olorum e 5-Oxalá, afloram a intuição ou a revelam, despertando tendências de ajudar e auxiliar o próximo. Por fim, se sair ao lado da lâmina 3-Iemanjá, representa energia maternal.

24 – Mercúrio

A lâmina secundária Mercúrio representa nossas capacidades de comunicação e de raciocínio e como nos comunicamos com o mundo exterior, trazendo imaginação aflorada e um mental bem acelerado, gerando atitudes de prudência devido à necessidade de compreender tudo ao seu redor. Revela a facilidade em se expressar e improvisar sobre situações adversas, porém traz tendências a mudar de ponto de vista com facilidade, aconselhando o indivíduo a não ser impulsivo em suas ações

Análise das cartas do Tarô de Umbanda | 143

e a valorizar seu espírito inventivo que essa carta representa, podendo não só trazer ideias originais e novas como também destaque em setores de trabalho que exijam rapidez mental, facilidade em aprender e muito jogo de cintura.

Ao sair numa tiragem mostra a mentalidade do ser humanizado e como ele a utiliza. Estando rodeado de Arcanos negativos, esta carta emana energias de ímpeto e impulsividade, visto que a mente do indivíduo que recebe a vibração de Mercúrio no seu jogo está propícia em pensar rápido demais, podendo gerar atitudes sobre algo ou alguém de forma equivocada porque, por vezes, ao pensar rápido demais, pode ocorrer falta de profundidade sobre a questão, causando obstinação e egocentrismo.

Sem dúvida, rodeada de negatividade ou não, Mercúrio revela que o consulente ou a pessoa em questão possui uma mente inteligente e perspicaz, facilitando a concepção de ideias, a absorção de aprendizados novos e aguçando a curiosidade de questionar tudo o que lhe chega.

Esse planeta, astrologicamente falando, representa os estudos, a educação, o aprendizado, os transportes, as viagens, os lucros, a internet e tudo que se refira a comunicação, movimento e comércio, pois faz uma referência sincrética ao Deus Hermes, que na mitologia é representado por um mensageiro e mercador viajante. Somando o significado desta carta com a casa TRÊS, que é uma das suas casas naturais dentro da astrologia, significa possibilidade de viagem em breve, notícias próximas ou até mesmo a oportunidade de novos estudos, trabalhos e coisas que possam somar ou mudar o modo de vida e de pensar do indivíduo. Mesmo que a pessoa não tenha um raciocínio ativo, este Arcano por si só já carrega essa função na vida do consulente, ativando e irradiando vibrações mentais e movimentações poderosas ao sair no oráculo.

144 | Capítulo 4

A curiosidade e a flexibilidade são uma das irradiações principais de Mercúrio, como também é o pensamento analítico, lógico e prático que, ao lado de cartas que trazem racionalidade, podem gerar essa energia em demasia na vida da pessoa, pois este Arcano se relaciona naturalmente com duas casas astrais, além da casa TRÊS, natural em Gêmeos. Devido a isso, emana facilidade em suas comunicações e relações com o mundo exterior. Mercúrio carrega também a força natural da casa SEIS, que gera uma mentalidade minuciosa no indivíduo, significando tendências a mergulhar no trabalho, a ser metódico demais e a ter preocupações com o corpo e a aparência. Como carrega duas forças elementais poderosas, Terra e Ar, a pessoa que traz esta carta em seu oráculo revela a necessidade em tomar certo cuidado com suas atitudes e com pessoas bipolares em seu caminho, pois representa indivíduos que vivem com a mente ora na terra, ora no céu (Ar). Devido a este fator, trazem tendências em mudar de opinião, vontades e até de casos amorosos com facilidade. Mercúrio irradia a energia mutável e a adaptação fácil e é excelente se associado corretamente à jornada terrena e suas necessidades, em todos os sentidos, afinal, tudo é passível de mudanças e alterações, por isso temos que nos centralizar e usar nossos reais potenciais para conquistar (e não dividir) nossos objetivos.

A versatilidade que esta carta revela no dia a dia vai ajudar o indivíduo a resolver ou buscar seus ideais em todas as esferas, visto que o dinamismo faz parte total da vibração deste Arcano.

Uma das maneiras de auxiliar o indivíduo na conexão com as vibrações de Mercúrio é pegar um pouco de sal grosso e colocar num recipiente ao lado de um incenso de sua preferência. Pegue um pouco de pemba ralada ou qualquer tipo de pó magístico que você tiver ou intuir, coloque-o na palma da mão e diga:

Análise das cartas do Tarô de Umbanda | 145

"Clamo ao portal do Leste e ao portal do Norte que ativem vossos poderes nestes elementos e os potencialize imantando neles as forças da prudência, da firmeza e da solidez da Terra. Assim como a leveza, a rapidez e a força do Ar, ativando estes elementos energeticamente com as potências da Terra e do Ar sagrados que a tudo nutre, alimenta e sustenta, para que eu possa limpar meu corpo etérico e minha casa física através deles. Que assim seja e assim será!". Dito isso, assopre o pó de pemba, ou o pó de sua preferência, sobre os elementos, então, pegue o incenso e passe-o sobre o seu corpo e nos cômodos da sua casa, fazendo o mesmo com o sal grosso. Depois que terminar, ponha o que sobrar no seu altar místico ou religioso.

CARTA VIBRACIONAL: material e mental • positiva • arquétipo masculino • vela nas cores amarela ou chumbo.

INTERPRETAÇÃO GERAL: facilidade e necessidade de comunicação, raciocínio rápido; reflete a mente da pessoa e como ela se encontra no momento; mudanças rápidas ou próximas; impulsividade; impetuosidade; novidades ou notícias chegando; jogo de cintura diante das situações; inteligência; perspicácia; facilidade e vontade de aprender; necessidade de questionar; novos aprendizados ou estudos; curiosidade; expressividade; bipolaridade; dinamismo; versatilidade; flexibilidade; pessoa metódica; novos trabalhos; mente ágil; pessoas tagarelas; preocupação com estética e aparência.

ASPECTOS NEGATIVOS: impetuosidade; impulsividade; ansiedade excessiva; pensamentos turbulentos e agitados; obstinação; egocentrismo; tendência a ter atitudes equivocadas; falta de profundidade nos assuntos, bipolaridade; desequilíbrios mentais; falta de clareza nos pensamentos e ideias.

JUNÇÕES COMPLEMENTARES: ao lado de cartas como 14-Obá e 19-Oxóssi, traz potência ao raciocínio e à concentração em concursos públicos, auxiliando qualquer tipo de ação que faça referência ao estudo ou ao aprendizado (terá boa sorte), tornando o indivíduo muito mais expansivo e dinâmico. Associado à lâmina 27-Júpiter, representa viagens longas ou pede para que o consulente tome cuidado com exageros e para não falar demais e de forma impulsiva, no entanto, traz conquistas no setor financeiro. Com 0-Erês e 10-Orumilá, revela notícias, mensagens ou novidades chegando em breve na vida da pessoa. E se sair com 4-Ogum, 28-Saturno e 22-Sol, mostra a importância do pai na vida do consulente e alguma mensagem relacionando a ligação dele(a) com o seu progenitor paterno.

25 – Vênus

Com forte magnetismo, depois de Mercúrio, este é o planeta mais próximo da Terra, podendo muitas vezes ser visto a olho nu. Assim como a lâmina 24, esta carta tem uma forte irradiação sobre o jogo, porém, diferente da anterior, esta tem uma forte irradiação emocional trazendo a energia *yin* nos relacionamentos. Ao sair no oráculo, Vênus representa afeto, amor, relacionamentos, senso de valores e de como encaramos nosso meio social, trazendo poder de atração ou entusiasmo e empolgação sobre as pessoas. Sendo Vênus um corpo celeste composto por energia genuinamente feminina e receptiva, potencializa os desenvolvimentos pessoais, tanto os familiares como parcerias de negócios, casamentos e até mesmo a fertilidade, gerando nascimentos. Mostra também o poder de atração que o consulente possui ou que por vezes necessita buscar.

Esta lâmina irradia o prazer em todos os sentidos da vida, a busca pela beleza, pelo romantismo e pela perfeição. Se sair num jogo fazendo referência a relacionamentos, traz forte atração física dentro da relação, aflorando a sexualidade do indivíduo ou até mesmo podendo mostrar a necessidade de libertar sua libido e fetiches mais ocultos para viver plenamente suas relações afetivas. Caso saia relacionada com perguntas na área financeira, demonstra que a pessoa trabalha em algo que gosta ou tem necessidade de fazer isso (neste caso, se estiver ao lado de cartas negativas). Sem dúvida, Vênus, ao sair num jogo, mostra intensidade em todos os sentidos, sublinhando todas as emoções que a pessoa possa estar vivendo.

Se sair rodeada de cartas negativas, traz sentimentos não tão sublimes como a inveja, o ciúme, a insegurança, a possessividade e a manipulações pelos sentimentos ou sedução. Comportamentos de adolescência, como emoções inconstantes diante de paixões, com tendência a ser volúvel e a gastar dinheiro sem controle também é uma característica. Mas se associada a cartas que tragam vibração material positiva, facilita o acordo em negociações e mostra sociedades ou parcerias que fluirão bem, revelando, por vezes, dons em várias áreas de trabalho ou até mesmo o surgimento de dons artísticos. A necessidade do indivíduo em agradar os outros, em ser aceito socialmente e se importar demais com a opinião alheia também são vibrações de Vênus.

Como esta lâmina carrega a representatividade natural da casas SETE e DOIS do mapa astral, ao sair no oráculo também significa que há dois pontos importantes na vida do consulente que estão em evidência: o lado material – a forma como o mesmo lida e se relaciona com seus bens e com o seu dinheiro – e o emocional, que é como a pessoa se desenvolve no seu lado pessoal, trazendo à tona seus desejos, seus afetos ou revelando a

148 | Capítulo 4

ausência deles de acordo com as cartas em volta, evidenciando os apegos e como o indivíduo usa suas capacidades para atrair aquilo que deseja. Recebemos de volta tudo aquilo que pedimos ou a forma que agimos no Universo. Este Arcano, então, revela quais os valores e atitudes que temos para buscar o que queremos. Caso o consulente tenha atitudes de possessividade, ciúmes, mesquinharia ou desonestidade, pode gerar energias de oposição em seu caminho, devido a energia da casa SETE, que enfatiza qualquer atitude que esteja em desacordo com as leis do Divino Criador, gerando situações de relacionamentos que acabam rápido, empregos passageiros e inimizades gratuitas, podendo emanar instabilidade em todos os sentidos da vida.

Como esta carta também recebe vibrações do signos de Libra e de Touro, por estar naturalmente ligada às casas astrológicas SETE e DOIS respectivamente, irradia no oráculo a indecisão, pedindo para o consulente evitar este tipo de atitude, assim como a teimosia diante dos acontecimentos, no quais a melhor ação é ser maleável. Porém, por receber a vibração de uma casa cardinal e outra fixa pode auxiliar na concentração sobre assuntos que deixem a pessoa indecisa, vibrando forças de empreendedorismo para ajudar a solucionar sozinho suas questões, revelando também essa necessidade, assim como a persistência em não desistir facilmente dos seus objetivos ou sonhos, pedindo apenas para que tenha a flexibilidade de Mercúrio para lidar com todas as situações.

Por fim, vamos nos conectar à energia de Vênus através de um simples ritual que utilizará os seguintes elementos: um quartzo-rosa, uma taça com água que caiba o quartzo, pétalas de uma rosa vermelha, uma rosa branca, uma rosa cor-de-rosa, seu perfume preferido, um pano branco e um coador. Coloque a taça sobre o pano branco ao relento numa noite de Lua cheia, pile ou macere as pétalas das rosas e as coloque dentro da taça

Análise das cartas do Tarô de Umbanda | 149

com um pouco de água mineral e o quartzo-rosa. Borrife três vezes estes elementos com o seu perfume de preferência e diga: "Clamo ao portal do Leste e ao portal do Norte para que ativem vossos poderes nestes elementos e os potencialize, imantando neles as forças do planeta Vênus, irradiando vibrações de amor, felicidade, prosperidade, para que me tragam calor, potência e magnetismo na minha vida, ativando estes elementos energeticamente com as potências da Terra e do Ar sagrados que a tudo nutre, alimenta e sustenta. Que assim seja e assim se faça!". Deixe os elementos diante da luz lunar por 1 hora e coloque o líquido dentro de um recipiente. Use-o toda vez que for a um encontro amoroso ou a uma reunião de negócios que seja importante, passando-o no corpo. Coe após 24 h o líquido, para que as pétalas não estraguem rapidamente o conteúdo.

CARTA VIBRACIONAL: emocional • podendo ser positiva ou negativa de acordo com os arcanos que saírem junto • arquétipo feminino e ambíguo • vela nas cores verde ou rosa.

INTERPRETAÇÃO GERAL: magnetismo; fortes emoções; afetos; amor; relacionamentos; namoros; casamentos; nascimentos; gestação; fertilidade; entusiasmo; força feminina; empolgação diante dos fatos; força de receptividade; parcerias; prazer em todos os sentidos; beleza; romantismo; perfeição; forte atração física; sexualidade forte; bom gosto; tendências para a arte; amores ou paixões intensas; sociedades promissoras; persistência; empreendedorismo; indecisões; excesso de autocontrole; em alguns casos, dependendo do jogo, tendências bissexuais ou relações com pessoas do mesmo sexo.

ASPECTOS NEGATIVOS: sexualidade desequilibrada; inveja; ciúmes; possessividade; mau gosto; inseguranças; comportamentos desequilibrados; inconstâncias; tendência a ser volúvel nas relações e no setor material; teimosia; indecisões excessivas;

relações passageiras ou que possuem somente atração física; desonestidade provinda do indivíduo ou de pessoas à sua volta; fofocas; dificuldade de trabalhar com o que não ama.

Junções Complementares: associada com as lâminas 24-Mercúrio e 16-Pombagira revela relacionamentos com forte atração física, mas com tendências de não ter profundidade. Já ao lado do Arcano 6-Oxum significa um casamento que será realizado em breve ou relacionamentos amorosos que podem acontecer ou já estar acontecendo, de acordo com a posição em que sair no oráculo. Se na sequência tiver 24-Mercúrio e 12-Preto-velho, mostra a necessidade em ter flexibilidade diante das situações e dos relacionamentos, porém se 28-Saturno e 6-Oxum estiverem presentes, representa um amor ou uma paixão na vida do consulente que provém de vidas passadas.

26 – Marte

Marte é o planeta das lutas e das conquistas e reflete as áreas da nossa vida em que gastamos energia. Traz impulsos em todos os setores da vida, incluindo o sexual. Este Arcano emana a extroversão e a força masculina, trazendo a energia *yang* dos relacionamentos e o seu lado racional, tendo uma energia bem ativa, disposição para lutar e trabalhar, aflorando dentro do indivíduo o seu instinto de sobrevivência e ajudando-o a vencer qualquer desafio. Associado à guerra, a soldados e policiais. Ao lado de cartas negativas, pode trazer um alerta sobre problemas com justiça ou assaltos e roubos que podem acontecer. Pede para o indivíduo tomar cuidado com a raiva, atitudes de fúria e egoísmo, mas ao contrário, pode trazer até mesmo vocação para

Análise das cartas do Tarô de Umbanda | 151

profissões que traz segurança ou a tendência de comportamentos de proteção diante das pessoas que ama.

Tomar decisões claras ou a necessidade em tomá-las fazem parte das vibrações desta carta, visto que representa a liderança e o impulso que forma líderes. Marte aplica sua energia onde seja necessário, podendo fazer o indivíduo trabalhar por horas a fio ou ficar horas numa academia, trazendo constância e perseverança, mas também gerando comportamentos de individualidade, de competição, coragem e de pioneirismo, ajudando a trilhar e abrir o seu próprio caminho, cuidando de si mesmo e de todos à sua volta. Marte carrega vibrações de vitalidade, dando a sensação de invencibilidade ao consulente e a tendência de ser bem-sucedido no setor material, irradiando até mesmo a propensão para fazer ou começar exercícios físicos, seja por estética, seja por necessidade.

Esta lâmina carrega naturalmente na sua junção duas casas astrológicas: a UM e a OITO. Na vibração da casa UM é mostrado que o consulente possui iniciativa e energia para novos começos, trazendo aumento de energia física e mental, principalmente se estiver ao lado da lâmina de Mercúrio, Oxóssi ou Ogum, destacando uma personalidade aguerrida e voltada aos interesses de si mesmo, significando uma fase de fogosidade, intensidade e de muitas expectativas, deixando vir à tona sua identidade própria sem muito esforço.

Somando-se a essa energia poderosa de Marte, está a força da casa OITO, na qual este planeta também atua naturalmente, expressando no oráculo a necessidade de se aprofundar em sua personalidade para reconhecer e autenticar sua identidade, potencializando as experiências vividas de dentro para fora, revelando por vezes um lado oculto de luta, de guerra, de persistência, que o indivíduo desconhece dentro de si, como até mesmo desejos intensos e gostos diferenciados dos já conhecidos.

152 | Capítulo 4

Este Arcano, ao lado de cartas de vibração sentimental, pode esconder dentro de si fortes paixões, devaneios amorosos e sentimentos dos mais diversos na profundidade do seu eu, gerando grandes transformações. Caso o consulente esteja esperando o recebimento de heranças ou algum dinheiro, a presença de Marte mostra que tais valores já estão para chegar. Estar ligado a uma casa fixa em Água e outra cardinal em Fogo potencializa a intensidade da força deste Arcano, pois apesar de a água apagar o fogo, ambos são intensos e elementos difíceis de se controlar naturalmente, assim como a vibração desta carta ao sair na tiragem, emanando um comportamento ativo, empreendedor, independente, confiável e estável, capaz de conquistas que aos olhos de muitos seriam difíceis ou impossíveis, pedindo somente para que a pessoa tenha uma certa atenção com a impaciência de Áries, que pode levar os planos mais sublimes e felizes ao fracasso e não deixar seu lado aventureiro tirar suas responsabilidades.

Lide com equilíbrio com sua liberdade e força, pois caso o consulente se perca na roda da vida diante das suas responsabilidades, poderá cair na impetuosidade e profundidade de Escorpião, deixando o indivíduo mergulhado dentro de si mesmo sem conseguir emergir para as lutas do dia a dia.

Para ativar a força de Marte em seu caminho, pegue algum objeto de ferro, uma vela vermelha e um copo com água. Coloque sobre uma mesa ou altar estes objetos em cima de uma toalha branca e acenda a vela dizendo: "Clamo ao portal do Sul e ao portal do Oeste para que ative vossos poderes neste objeto e perpetue nele as forças poderosas de Marte, ativando-o energeticamente com as potências do Fogo e da Água e que estes elementos sagrados irradiem vibrações de coragem, proteção, vigor e energia para realizar todos os meus objetivos facilmente. Que assim seja e assim se faça!". Quando a vela terminar de queimar, pegue o objeto e coloque-o na bolsa, no carro, na porta da sua casa, ou em qualquer local que possa irradiar suas imantações magísticas para que possa auxiliar você, podendo até mesmo ser utilizado no pescoço como um pingente ou no pé com uma tornozeleira, dependendo do tamanho do objeto que for imantado.

CARTA VIBRACIONAL: material e racional • positiva • arquétipo masculino • vela na cor vermelha.

INTERPRETAÇÃO GERAL: constância; realizações imediatas; vitórias; êxito; energia; intensidade; extroversão; força masculina; disposição para luta e para o trabalho diário; instinto de sobrevivência; desafios a serem vencidos; protecionismo; necessidade de tomar decisões; impulsos fortes; instinto de liderança; perseverança; competições; pioneirismo; negócios bem sucedidos; invencibilidade diante dos inimigos; desejos intensos; transformações repentinas; heranças ou dinheiro a receber em breve; necessidade de fazer exercícios físicos; dependendo do jogo, tendências a gostar do mesmo sexo, se o consulente for um homem.

ASPECTOS NEGATIVOS: atitudes explosivas, impensadas; incapacidade de sentir raiva ou excesso dela; falta de paciência; fracassos; batalhas difíceis; guerras mentais, espirituais, emocionais e às vezes até físicas a serem travadas; fúria; egoísmo; sentimentos confusos; prisões interiores; tendência à depressão; ambições fortes; dificuldade em vencer desafios ou conquistar as coisas; atitudes oportunistas.

JUNÇÕES COMPLEMENTARES: quando sai ao lado de cartas como 15-Exu e 18-Lilith pede cuidado com promiscuidade e revela tendências a ter relações volúveis e casos amorosos rápidos, mas se estiver somente com o Arcano 15-Exu, mostra muita virilidade e vitalidade, porém gera junto atitudes explosivas, impensadas, e se na sequência aparecer o 12-Preto-velho, significa que o indivíduo tem dificuldades de se expressar em todos os sentidos da vida. Associado com 25-Vênus, mostra moderação nas ações e sabedoria em usar sua energia *yang* e *yin*. Com as cartas 24-Mercúrio e 4-Ogum, traz ideias novas e prósperas e bastante trabalho irá surgir. Já com 6-Oxum e 3-Iemanjá, pode relevar que a pessoa está vivendo ou vai viver em breve um grande amor, intenso e forte.

27 – Júpiter

Esta lâmina traz a representatividade do maior planeta do sistema solar, que aparece no céu noturno da Terra como um objeto longínquo e distante. Seu tamanho faz jus à sua vibração, visto que é o planeta da expansão e de tudo que amplia a visão, abrindo portas na vida do indivíduo, auxiliando novos potenciais a surgirem e dando novos significados para a vida, aflorando o desejo de expandir limites, conhecimentos e estudos no geral, pois para Júpiter, todos os sonhos têm total possibilidade de acontecerem, emanando um olhar otimista para a pessoa e em seu caminho, trazendo predisposição para buscar e criar oportunidades ou até novas aventuras.

Ao sair num jogo, mostra a generosidade provinda do consulente, assim como momentos de diversão e de alegria que podem surgir. A vontade de aprender e viajar também são irradiações desta lâmina, pois Júpiter carrega a energia de explorar seus horizontes em todos os sentidos, auxiliando o indivíduo até mesmo com viagens astrais, sendo sua expansão

Análise das cartas do Tarô de Umbanda | 155

tão forte na vida de alguém que, ao sair no oráculo ao lado de cartas espirituais, traz a chegada de um nova religião, filosofia ou vocação como o voluntariado, por exemplo. Júpiter sempre vem para revelar novidades, no entanto, rodeada de cartas negativas pode trazer o oposto, como a falta de fé, tendência ao ateísmo, confusões no geral e falta de dinheiro ou emprego.

Como Júpiter emana entusiasmo e dedicação, acaba gerando abundância, prosperidade e oportunidades promissoras, pois por ser um planeta que gera expansão, incluindo de barreiras, pode trazer numa tiragem relações com pessoas do exterior, negócios em países estrangeiros ou vontade de viver fora do país, pois tudo que recebe a presença deste Arcano é ampliado, positivamente ou negativamente. Júpiter traz inspiração, confiança, sabedoria e poder sobre qualquer ação ou fato. É preciso tomar cuidado com a vontade de experimentar ou viver tudo, gerando falta de foco e dificuldades em finalizar o que começa.

Ao receber a vibração natural das casas NOVE e DOZE num jogo oracular e rodeado de lâminas negativas, este Arcano traz no sincretismo dessa interpretação a exaltação espiritual e pede para que se tenha cautela com exageros e fanatismo, pois, inconscientemente, o indivíduo traz tendências a se aprofundar cegamente naquilo que lhe da empolgação, chegando ao ponto de fazer loucuras caso não se policie, já que a frustração, em qualquer setor que tenha a irradiação desta carta negativada pode ter sua função ampliada, trazendo excesso de isolamento, sofrimentos em demasia, decepções, perdas, depressão e até mesmo doenças internas.

Como este Arcano vibra as forças de Sagitário e Peixes, ele revela uma forte imaginação no indivíduo e um impulso para se libertar de amarras, sofrimentos ou limites que o impeçam de expandir ou sonhar, sendo uma lâmina que apresenta uma energia mutável pura. Ao sair num jogo, revela que não há nada

156 | Capítulo 4

que a pessoa queira fazer que ela não consiga, e se algo estiver atrapalhando ou possa vir a atrapalhar sua vida, não será o suficiente para frear a realização dos sonhos do consulente, dando poder de contornar e sair de qualquer situação ou obstáculo que porventura aparecer.

Uma maneira de ativar a energia de Júpiter é desenhar um Pentagrama a lápis num papel, colocar sobre o desenho um copo de vidro com água, dentro do copo colocar um quartzo-citrino e ao lado uma vela azul-escura, dizendo: "Clamo ao portal do Sul e ao portal do Oeste para que ativem vossos poderes neste sigilo e nestes elementos, imantando neles as forças poderosas de Júpiter, sua consciência monetária e de expansão, ativando-os energeticamente com as potências do Fogo e da Água, e que, ao transformar estes elementos em sagrados, eles irradiem vibrações de sucesso, abundância e prosperidade para realizar todos os meus projetos, ampliando-os. Que assim seja e assim se faça". Deixe os elementos irradiando com a vela até ela terminar de queimar; após este período embrulhe a pedra no papel e use-a como talismã.

CARTA VIBRACIONAL: material • expansiva • positiva • arquétipo masculino • vela nas cores azul-celeste ou lilás.

INTERPRETAÇÃO GERAL: viagens longas; expansão; novos horizontes; estudos e conhecimentos; sonhos a serem realizados; otimismo; momentos de alegria e diversão; inspirações; confiança; aventuras; religiões ou filosofias de vida; excitação; empolgação; imaginação fértil; abundância; prosperidade; carisma; educação superior; fortunas; dinheiro; investimentos; oportunidades para prosperar e superação em todos os sentidos.

ASPECTOS NEGATIVOS: comportamentos cruéis, antipatia; falta de carisma; dificuldades financeiras; autoritarismo; excesso de vaidade; ego; fanatismo; tendência ao vício; costuma fazer o que bem entende sem se preocupar com os outros; excesso de trabalho, dificuldades em finalizar projetos; cansaço; atitudes de loucura e de isolamento; decepções; perdas; frustração; falta de confiança e de inspiração; desânimo; depressão; falta de fé e de foco; ateísmo; fanatismo; confusão em todos os sentidos da vida.

JUNÇÕES COMPLEMENTARES: com as lâminas 19-Oxóssi, 26-Marte e 6-Oxum, Júpiter representa dinheiro e prosperidade na vida da pessoa, trazendo oportunidades de um novo emprego rentável ou expansão nos negócios. Se na sequência houverem cartas que se refiram a carma ou a ancestralidade, pode também representar heranças a serem recebidas. Caso 8-Xangô esteja em evidência e tiverem processos judiciais envolvidos na questão, significa vitória para o consulente. Associada a cartas como 19-Oxóssi e 10-Orumilá, mostra a oportunidade e a necessidade do indivíduo em se dedicar a novos estudos e a buscar mais conhecimento. O setor de tais aprendizados será apontado pelos Arcanos que saírem em seguida. Com 24-Mercúrio revela uma viagem a negócios ou por diversão.

28 – Saturno

Saturno, ao sair numa tiragem, representa as lições que aprendemos e nunca esquecemos. Em astrologia é o planeta chamado de "grande mestre", por ter funções disciplinares em todos os sentidos, trazendo, ao contrário de Júpiter que é o planeta da animação, muita seriedade, além de emanar restrições, limitações, atrasos, dor e situações desagradáveis. Por conta dessa energia densa que Saturno carrega ele é dito como o disciplinador, pois só quando encontramos obstáculos e dificuldades é que começamos a olhar para dentro de nós com

158 | Capítulo 4

mais profundidade e passamos a enxergar a vida e as pessoas por vários ângulos, aprendendo, evoluindo e liberando o potencial do ser humanizado, fazendo jus à famosa frase: "Se não aprende pelo amor, aprende pela dor". Esta lâmina revela experiências que nos incomodam, seja no passado desta vida (ou de outras), ou no momento presente, trazendo insegurança, medo e ansiedade para a vida do consulente. Na mitologia grega, Saturno é associado a Kronos que, por medo de uma profecia que dizia que ele iria perder o trono para alguém da sua prole, acabou devorando todos os seus filhos, mostrando, assim, ao sair num jogo com cartas negativas, que a pessoa deve ter cuidado para não destruir as coisas ou pessoas que ama, devido a atitudes de descontrole emocional, evitando brigas e discórdias com familiares e amigos, procurando utilizar o fator positivo de Saturno que põe o indivíduo com os dois pés dentro da realidade, irradiando o bom senso.

Quando este Arcano surge, significa a necessidade de algo tangível na vida da pessoa, como a solução de problemas que estão tirando o seu sono. Pode haver cobranças ao sair no jogo, pedindo que o consulente, por exemplo, se alimente melhor, durma melhor e cuide de si no setor físico. Saturno representa a morte material e emocional que enfrentamos no dia a dia, assim como, associado a cartas que se refiram à saúde, pode estar pedindo atenção e cuidados com seu físico e com o lado emocional.

Como Saturno é o último planeta do sistema solar que pode ser visto a olho nu, traz o limite da visão e, por vezes, mostra que o consulente não está percebendo algumas coisas à sua volta, como a falsidade e a fofoca, evidenciando que há pessoas do seu convívio que estão fazendo ou dizendo coisas que possam prejudicar sua reputação, seu trabalho ou seu relacionamento.

Irradiar o autocontrole é uma vibração positiva deste planeta e essa atitude em demasia pode conter algumas possibilidades

Análise das cartas do Tarô de Umbanda | 159

de crescimentos, porém, caso este autocontrole seja utilizado em excesso, como este Arcano vibra muita rigidez, pode ocorrer de a pessoa ficar inflexível, podendo perder oportunidades em todos os sentidos da vida. Em contrabalança, responsabilidade, integridade e atitudes confiáveis são qualidades intrínsecas de Saturno, emanando essa mesma vibração nos caminhos do consulente, trazendo estabilidade, facilidade em seguir regras e a ser cuidadoso em tudo que faz, além de forte tendência em se tornar um indivíduo autoritário, conservador e intransigente.

Esta carta, dependendo do que sair à sua volta, também revela que a pessoa, além de ser cheia de regras, tende a manter tudo dentro de um limite ou controle para que, desta forma, possa se sentir em segurança, mostrando até atos de possessividade e de conflitos internos e externos, que chegam a sufocar as pessoas à sua volta e até a atrapalhar relações amorosas. Como Saturno rege naturalmente duas casas que ampliam e aumentam as funções deste Arcano, traz discernimento em lidar com essas energias, porque, enquanto a casa DEZ enfatiza todas as energias de Saturno, fazendo com que o indivíduo foque na carreira, na vida social e no status, a casa ONZE ajuda o consulente em questões com as pessoas à sua volta, auxiliando na conexão com os outros, despertando a vontade de estar em grupos e de fazer parte de algo maior no mundo em que vive.

Enfim, se esta lâmina estiver rodeada de cartas positivas ela traz benefícios, honras e compensações, principalmente profissionais, pois a responsabilidade, a organização, a seriedade e a determinação estarão em destaque em sua reputação, só não esqueça de se abrir sempre para novas amizades, viagens e coisas do tipo. Não deixe o jeito racional e certinho demais de Saturno pesar sobre você, visto que esta carta carrega em suas casas naturais do zodíaco os signos de Aquário e Capricórnio, que irradiam forças de independência, responsabilidade e disciplina, mas também de radicalismo e muita seriedade, lembrando ao consulente que em tudo deve haver equilíbrio, afinal os extremos nunca são saudáveis e podem nos levar a estagnação. Como Saturno é um planeta de cobranças, ele também rege o carma. De acordo com as cartas à sua volta ele vai apontar se a cruz cármica que o indivíduo traz é pesada ou leve. Para ativar as vibrações de aterramento ou de proteção de Saturno basta a pessoa pegar um saquinho de mirra e uma panela velha, colocar carvão em brasa dentro dela e dizer: "Clamo ao portal do Norte e ao portal do Leste que ative vossos poderes nestes elementos e imante neles as forças poderosas de Saturno, ajudando-me a resolver assuntos pendentes e de negócios, trazendo persistência, disciplina, autocontrole e proteção contra qualquer mal, seja espiritual, material ou emocional. Auxilian-do-me e limpando meu lar ou meu ambiente de trabalho. Que assim seja e assim faça!". Após dizer essa determinação mágica, jogue a mirra na brasa do carvão e defume sua casa ou onde você trabalha ou, se preferir, pode fazer isso para um amigo ou parente. Ao realizar essa defumação, ouça um ponto de Umbanda, uma música suave ou um rezo.

CARTA VIBRACIONAL: material • negativa • arquétipo masculino • vela na cor preta.

INTERPRETAÇÃO GERAL: seriedade; restrições; limitações; tendências depressivas; atrasos; dor; cobranças; situações de-sagradáveis; obstáculos; dificuldades; ansiedade; inseguranças; medos; atenção à saúde; falsidades; fofocas; pessoas agindo pelas costas; autocontrole; responsabilidade; disciplina; integridade; estabilidade; confiança; regras; conservadorismo; rotinas; possíveis perdas; tendência a levar tudo ao pé da letra; foco na carreira; benefícios por boa conduta; honras; compensações; carma; proteção contra os males.

Análise das cartas do Tarô de Umbanda | 161

Aspectos Negativos: sofrimento intenso; melancolia; descontrole emocional; medos; atitudes autodestrutivas; brigas; discórdia; apego excessivo; má reputação; doenças graves; perdas de pessoas, objetos ou oportunidades; inflexibilidade; irresponsabilidade; indisciplina; desonestidade; desestabilidade; desconfianças; pessoa desregrada; intransigência; autoritarismo; tendência a se magoar com facilidade; pessoa razinza; conflitos internos; brigas; possessividade, ciúme ou críticas excessivas; falta de foco; perda de dinheiro, emprego ou amor; depressão; energias maléficas.

Junções Complementares: quando este Arcano sai com 24-Mercúrio e 19-Oxóssi representa estudos no geral, dizendo que, de início, não será muito fácil para o consulente realizar tais aprendizados, mas que podem acontecer e trazer estabilidade com o tempo. Se sair associado com 15-Exu e 18-Lilith, pode significar que o indivíduo possui ambição e tendência a ser possessivo e autoritário nos seus relacionamentos, pedindo cuidado com paixões avassaladoras. Ao sair com 22-Sol e 4-Ogum revela experiências com pai, as cartas na sequência mostrarão se tais situações são boas ou ruins, porém, se essa junção sair em resposta para perguntas específicas, então o significado muda, trazendo conquistas duradouras no setor envolvido. Por fim, com 10-Orumilá e 32-Quíron traz revelações de vidas passadas. Em qual área da vida vão ser essas revelações vai depender das cartas que venham na sequência.

29 – Urano

Ao sair neste oráculo, Urano traz impulso de liberdade, originalidade, individualismo e rompimento com as tradições, pois é um planeta que traz energia oposta à de Saturno, simbolizando inovação, quebra de restrições, mesmice e quebra de regras em relação a formas seguras de pensar ou agir, trazendo independência e algumas vezes até radicalismo ou anarquia.

É a lâmina que representa atitudes revolucionárias e pessoas que discordam do convencional, revelando mudanças inesperadas e súbitas na vida do consulente, como, por exemplo, uma nova carreira ou novidades no trabalho atual. Existe certa dificuldade em manter responsabilidades se esta carta estiver negativada no jogo.

Na mitologia, Urano é o Deus do Céu e controla toda a sua imensidão, gerando na vida do indivíduo a necessidade de espaço e de liberdade. Pode ser capaz de fazer o que der na telha, irradiando um lado rebelde na leitura, seja do consulente, seja de alguém próximo a ele, revelando uma personalidade de quem gosta de "fazer as coisas do seu jeito".

Caso esteja com cartas negativas no jogo, este Arcano pode representar períodos muito parados na vida da pessoa, marasmo, sensação de impotência, de dependências físicas, materiais, espirituais ou emocionais. Por Urano ser um planeta que vibra liberdade, mostra também que o indivíduo tende a ser muito desapegado ou tem necessidade em aprender a se desapegar de acordo com a posição em que a carta estiver. Independentemente de qualquer coisa, sem dúvida, quando aparece esta lâmina em seu jogo traz um lado visionário e intuitivo à tona, mesmo que o ser humanizado não o seja,

Análise das cartas do Tarô de Umbanda | 163

trazendo o insight de alguma ideia necessária para ajudá-lo no momento que essa ideia chegar, provinda de alguém à sua volta repentinamente, como situações súbitas ou ações inesperadas que vão surgir para melhorar a situação.

Pessoas que têm este Arcano como representação de si mesmo ou de alguém revelam personalidade forte, rebelde, porém com muito caráter e posturas corretas, tendo gostos peculiares. Esta lâmina revela que o indivíduo deve abandonar o passado, assim como hábitos desgastados, pessoas e situações que não somam em nada.

Este planeta está associado naturalmente à casa ONZE, gerando uma ligação natural com Saturno. Ao sair no jogo com cartas negativas, traz conflitos interiores e exteriores. Se rodeados de Arcanos positivos gera equilíbrio, bom senso e originalidade em tudo que faz, pois Urano carrega a influência pura de Aquário, trazendo a consciência clara do caminho com conexão aos demais fatores externos, incluindo pessoas, assim como uma real preocupação com a humanidade no geral, irradiando em sua jornada muitas realizações, pois Aquário traz a força em sua casa astrológica com Saturno somando energeticamente.

Neste oráculo, tais vibrações aparecem no sentido de trazer uma orientação mais dogmática, ajudando a realizar os objetivos, pois também é uma carta com representação de uma casa fixa devido à sua ligação astrológica. Urano gera persistência, mas com criatividade em todas as ações, trazendo segurança e potência para qualquer ato a ser realizado em todos os campos da vida e auxiliando na versatilidade diante das dificuldades, estruturando um futuro próspero.

Uma das formas de irradiar as forças de Urano sobre você é pegar sete fitas de meio metro cada (sendo três pretas e quatro brancas), um pouco de pó de noz-moscada e também um pouco de pó de mirra , coloque em um recipiente cada um deles e ponha todos os elementos sobre uma toalha branca em uma mesa. Acenda um incenso de sua preferência e diga: "Clamo ao portal do Oeste que ative vossos poderes nestes elementos e imante neles as forças poderosas de Urano, irradiando-me suas potências mentais, inovando meu ser e meu caminho, deixando o que for passado para trás e despertando o meu futuro daqui em diante!". Dito isso, pegue o pó de mirra na palma da mão esquerda e assopre sobre as fitas pretas, pedindo que corte todo o mau do passado e suas lembranças. Feito isso, pegue o pó de noz-moscada, coloque na palma da mão direita e assopre sobre as fitas brancas pedindo abertura de caminhos no geral em sua vida. Pegue as sete fitas juntas e as amarre em sete árvores diferentes, amarrando primeiro as pretas e mentalizando que tudo o que passou de ruim em seu caminho e todo o mau que lhe acometeu, que ali sejam amarrados, esquecidos e que transmute com os elementais do Ar tudo que for de negativo em positivo. Amarre as fitas pretas por uma das pontas deixando a outra pairar no ar, faça o mesmo com as fitas brancas. Ao amarrá-las, peça luz, paz, prosperidade, amor, proteção, etc. E que os elementais do Ar abram seus caminhos e as portas da sorte, como o vento forte faz ao chegar. Que assim seja e assim se faça!

Carta vibracional: material • positiva • arquétipo masculino • vela na cor branca.

Interpretação Geral: inovação; originalidade; individualismo; necessidade de romper com as tradições, regras ou padrões sociais; independência; mudanças repentinas; acontecimentos inesperados; rebeldia; necessidade de liberdade; desapego; personalidade forte; versatilidade; caráter; deixar o passado para trás; convicções; novidades no trabalho; novo rumo ou melhoria na carreira; tendência a querer tudo do seu jeito e a atrair amigos à sua volta.

Aspectos Negativos: radicalismo; falta de responsabilidade; marasmo; sensação de impotência; mesmice; apego ao passado; teimosia; dificuldades financeiras; dependências emocionais espirituais ou financeiras; tendência a se sentir sozinho e a ter poucos amigos.

Junções Complementares: ao sair com os Arcanos 22-Sol e 15-Exu pede cuidado com excesso de individualismo e soberba. Associado com 28-Saturno e cartas negativas gera conflitos internos e externos e paralizações. Ao lado de 24-Mercúrio, revela mudanças repentinas e rápidas (questões de dias geralmente para acontecer) e transmutação de energias negativas mentais em positivas, gerando bons acontecimentos. Com as cartas 16-Pombagira e 12-Preto-velho significa relacionamentos que começam intensos e sufocam com o tempo. Se estiver com 7-Iansã e 24-Mercúrio mostra muita criatividade e abertura de caminho em questões profissionais. Com 25-Vênus, 23-Lua e 3-Iemanjá revela experiências com a mãe, as cartas na sequência vão mostrar se tais situações são boas ou ruins, se essa junção sair em resposta para perguntas específicas então o significado muda, trazendo acontecimentos e fatores duradouros e com profundidade.

30 – Netuno

Este seria o Arcano do meio termo se comparado aos dois últimos que aqui relacionamos, porque Netuno dissolve a rigidez de Saturno e amolece a rebeldia de Urano. Encontramos nesta vibração a ausência de formas, padrões, egos, simbolizando a conexão com o divino ou com o macrocosmo, representando a faísca do infinito da criação em nós.

166 | Capítulo 4

Na crença mitológica, Netuno era o Deus dos oceanos, representando o inconsciente coletivo ao qual estamos sujeitos o tempo todo. Ao aparecer no oráculo, pede que o consulente dê mais atenção aos seus sonhos, intuições e tudo que recebemos do plano astral, procurando realizar inclusive meditações, pois Netuno traz a força para abertura mediúnica. Se sair associado a cartas que falem de carma, traz revelações de vidas passadas que serão direcionadas e interpretadas de acordo com as cartas que saírem na sequência.

Apesar de ter um aspecto positivo, Netuno também carrega aspectos negativos se sair associado a lâminas mais densas. Pode representar doenças e dificuldades mentais, tendência a alterar o estado de consciência com uso de drogas, situações ilusórias e surreais, falta de compreensão diante de questões importantes, confusão e engano. Já ao contrário, ao lado de cartas positivas, significa que o consulente pode estar envolto de vibrações de compaixão, espiritualidade, aflorando a imaginação, a intuição e o altruísmo, levando o indivíduo a um estado de contemplação e até mesmo a necessidade ou a vontade de utilizar medicinas xamânicas, Jurema[15] e formas naturais de conectar ou atingir o subconsciente (e trazê-lo ao consciente), auxiliando nos contratempos diários.

Pede somente para que o consulente tenha certo cuidado com atitudes de escapismo em situações que o deixam muito apreensivo ou com a sensação de não ter saída, procurando entrar em harmonia com o macro e microcosmo, desligando o ego e trazendo a consciência de que todos somos um, representando também o amor espiritual ou ágape, emanando para o indivíduo dons psíquicos, artísticos, inspiração e o impulsionando em busca da perfeição de forma elevada, irradiando muita sensibilidade.

---

15. Religião de matriz indígena do Nordeste do Brasil, baseada nas espécies vegetais do gênero Acácia, a exemplo da *Mimosa tenuiflora*.

Associado naturalmente à casa DOZE, Netuno nos desafia a sair de nossas prisões internas e externas. Com cartas positivas na sequência, traz questões na vida do ser humanizado que vão ajudar a vencer qualquer obstáculo, a se curar e a resolver qualquer problema que por ventura apareça, pois a busca pela integridade e a crença forte que esta carta emana, seja para si mesmo, seja para algo maior, como crer em Olorum por exemplo, traz a autocura em todos os sentidos, sem contar a força imaginativa de Peixes em que Netuno vibra naturalmente, trazendo à tona idealismo sobre as dificuldades, desafios e a maleabilidade da água que o transforma num Arcano mutável e com energia aquática.

Enfim, esta carta representa tanto o impulso espiritual quanto o escapismo em viver com a mente nas nuvens, de fugir de problemas ou encará-los, mostrando também que o indivíduo tem tendências a se iludir com facilidade e a viver imerso no mundo dos sonhos. No entanto, sua capacidade criativa e intuitiva é tão forte e poderosa que, se bem utilizada, favorece todos os setores da vida da pessoa e dos que estiverem ao seu redor.

Faça um para-raios energético com a proteção de Netuno da seguinte maneira: pegue um recipiente transparente e coloque no fundo uma camada de sal grosso, com um pedaço de carvão em cima do sal. Complete com água dentro do recipiente, mas não deixe transbordar e diga: "Clamo a Torre do Oeste para que ative vossos poderes nestes elementos e imante neles as forças poderosas de Netuno, para que ele aumente minhas faculdades mentais, liberando minha imaginação e capacidades psíquicas, expandido minha consciência e trazendo proteção em todos os sentidos". Deixe o recipiente atrás da porta do cômodo que você mais fica, pode ser em sua casa ou ambiente de trabalho, pois podemos fazer vários destes recipientes magísticos ao mesmo tempo.

168 | Capítulo 4

Carta vibracional: espiritual • podendo ser positiva ou negativa de acordo com os Arcanos que saírem junto • arquétipo masculino e ambíguo • vela nas cores branca ou azul-celeste.

Interpretação Geral: ausência de padrões; julgamentos; o inconsciente coletivo; compaixão; espiritualidade; imaginação fértil; tendência ao escapismo; atração por medicinas xamânicas; amor ágape ou espiritual; sonhos; devaneios; dons psíquicos; espiritualidade; sensibilidade; compaixão; cuidados com o próximo; inspiração; flexibilidade em qualquer situação; compreensão; mediunidade; altruísmo; desafios a serem vencidos; cura interior e exterior; intuição aflorada.

Aspectos Negativos: frieza; falta de intuição; ego exacerbado; doenças físicas, mentais, emocionais e psicológicas; dificuldades em todos os sentidos; situações ilusórias; falta de compreensão consigo mesmo e com os outros; confusões; enganos; falta de imaginação; bloqueios mentais, espirituais e emocionais; vulnerabilidade; fingimentos; enganos; sentimento de culpa; carências; arrogância; julgamentos desnecessários; tendência a consumir drogas e bebidas alcoólicas.

Junções Complementares: quando sair com as cartas 1-Olorum e 5-Oxalá representa vocação para a religiosidade ou liderança espiritual. Associado a 6-Oxum, 28-Saturno, 10-Orumilá e 25-Vênus mostra amores que provêm de outras vidas. Com os Arcanos 12-Preto-velho, 31-Plutão e 15-Exu traz problemas e possíveis ataques espirituais. Ao lado de 2-Nanã, 5-Oxalá, 18-Lilith e 27-Júpiter revela tendências do indivíduo a praticar bruxarias e magias, assim como a necessidade destes ritos para sua proteção, podendo pedir para algum Sacerdote ou Sacerdotisa ajudá-lo neste quesito. Ao lado de lâminas como 0-Erês significa que a pessoa tem tendências a ser inocente demais ou situações onde, erroneamente, o consulente não vê maldade. Por fim, com as cartas 19-Oxóssi, 32-Quíron e 33-Caboclos traz um chamado para que o indivíduo se torne terapeuta holístico, médium, trabalhe com medicinas xamânicas ou qualquer segmento alternativo que traga elevação espiritual.

31 – Plutão

Plutão é um planeta remoto e distante, como é muito pequeno foi apelidado de "planeta anão" pelos astrônomos, porém sua influência energética num oráculo é extremamente poderosa. Nas histórias míticas, Plutão representa Hades, Deus do inferno. Devido a isso, este Arcano vibra nos níveis mais profundos (seja no sentido psíquico, físico, espiritual ou emocional) simbolizando a morte para situações familiares e conhecidas e para circunstâncias estabelecidas que podem ser desagradáveis, trazendo para a vida do consulente processos de transformação, ressurgimento de outras experiências e perspectivas, morte, renascimento, reencarnação, carma, poder e compulsões.

Esta carta revela processos profundos de mudanças em todos os setores da vida. Mostra que atitudes, crenças em pessoas ou religiões podem sofrer alterações, por vezes até gerando um colapso antes da transmutação final. Este processo pode levar certo tempo para finalizar, visto que Plutão não trabalha rapidamente (bem diferente, por exemplo, de Mercúrio). Portanto, ao sair no oráculo, representa lentidão e age de forma tão profunda e oculta quanto as entranhas do inferno cristão ou o umbral espírita.

Ao sair no jogo esta lâmina revela mudanças e transformações, no entanto, o indivíduo terá que ter paciência, pois elas serão lentas e poderão durar desde uma década até uma vida

170 | Capítulo 4

inteira para acontecer. Apesar de ser uma carta com energias de letargia, representa também uma sexualidade aflorada e traz importância neste quesito na vida da pessoa. Associado a cartas negativas, esta lâmina gera energias densas e emana sentimentos de impiedade e obstinação. Caso a pessoa em questão no jogo esteja magoada ou tenha magoado alguém, Plutão vem avisar que essa mágoa possui raízes profundas e que este sentimento não será amenizado tão cedo. Agora, se estiver em volta de cartas positivas, tais situações serão amenizadas ou até anuladas por ações que a leitura poderá indicar.

Outra vibração importante deste Arcano é que ele muitas vezes representa a sensação de morte, nem sempre a morte física, apesar de Plutão representá-la também. Pode revelar a morte de nossos sonhos, fazendo alusão aos momentos que pensamos em desistir de tudo, morrendo por dentro ou por fora. Claro, se houver positividade em volta do indivíduo, ele pode emergir sozinho de tais situações difíceis, transformando-se e melhorando, abrindo caminhos para que coisas novas surjam no lugar das antigas, podendo ser desde um novo emprego, um novo amor ou simplesmente novas circunstâncias.

Plutão mostra que a vida é impermanente e que tudo muda, até mesmo a morte física, que no fim traz transições e mudanças do plano físico para o espiritual. A energia desta carta nos ajuda a acolher as mudanças da vida e mostra que são inevitáveis, pois se não ocorrer por fatores externos, ocorrerá por impulsos internos, embora algumas dessas mudanças venham por meio de arrependimentos, mas serão sempre benéficas a longo prazo.

Como Plutão está ligado naturalmente à casa OITO, ao sair numa tiragem significa que todos os assuntos que trazem profundidade vão chamar a atenção do indivíduo, guiando fatos e ações em seu caminho que também o levem a essa profundidade, trazendo à tona o seu lado oculto e potencializando o que

Análise das cartas do Tarô de Umbanda | 171

houver de bom ou de ruim no inconsciente da pessoa. Pode gerar sentimentos intensos em tudo que fizer, pois a paixão profunda e os desejos mais secretos também são retratados por esta lâmina. Como a casa OITO está oposta à casa DOIS astrologicamente, ela vem desempenhar um papel importante na área financeira. Devido a este fator, dependendo das cartas que saírem junto, representa heranças, inventários ou dinheiro de parentes que poderão vir. A força natural da casa OITO está associada a Escorpião e no jogo mostra intensidade em todos os acontecimentos que surgirem, porém pede reserva, seja sobre as conquistas ou sobre as perdas, pois dentro da profundidade da vibração de Escorpião tudo pode ser ocultado, revelando desta forma possíveis segredos que podem vir à tona quando menos se espera. A persistência que esta casa fixa emana traz solidez e segurança em empreendimentos de qualquer nível, porém a longo prazo, afinal, por mais que Plutão traga lentidão há a perseverança intrínseca da energia fixa.

Quando estiver se sentindo sem energias, desgastado, estagnado, ative as profundas transformações deste Arcano no seu caminho: coloque um pouco de terra preta num recipiente de barro e jogue água em cima. Faça um desenho de um hexagrama (estrela de seis pontas) na terra do recipiente. Acenda na terra, no meio do desenho, um incenso de mirra. Na frente de tudo acenda uma vela e diga: "Clamo ao portal do Oeste, ao portal do Norte e ao portal do Leste, para que ativem vossos poderes nestes elementos e imante neles as forças poderosas de Plutão e para que ele transmute toda a negatividade, removendo o que for antigo e velho para o novo surgir. E que todas as forças negativas possam ser paralisadas e redirecionadas aos seus locais de merecimento, para que o poder de Plutão traga mudanças positivas, que assim seja e assim se faça!". Após fazer essa ativação e quando a vela terminar de queimar, coloque o recipiente num lugar de poder, que pode ser um altar em um local específico para

172 | Capítulo 4

ações mágicas ou simplesmente num armário onde ninguém mexa, como se fizesse parte da decoração. Inclusive, escolha um recipiente bonito, caso fique camuflado como elemento decorativo, e toda vez que sentir necessidade de transmutar energias densas ou negativas, use essa magia natural.

CARTA VIBRACIONAL: espiritual, material e emocional • negativa • arquétipo masculino • vela nas cores vermelha ou branca.

INTERPRETAÇÃO GERAL: desencarne físico; morte; poder; renascimento; reencarnação; carma; compulsões; lentidão; transformações; transmutações; ocultismo; profundidade; mudanças lentas; sensação de morte em vida por perdas; desânimos; persistência; impermanência; novas circunstâncias; momentos de transição e de arrependimentos; disposição para conquistas; segredos podem vir à tona; sentimentos ocultos; recebimento de heranças, necessidade de realizar inventários.

ASPECTOS NEGATIVOS: magia negativa; espíritos negativados e trevosos atuando contra o consulente; letargia; energias densas; impiedade; obstinação; falta de perdão; mágoas profundas; tendências suicidas; tristeza; depressão; solidão; desencarnes; arrependimentos; predisposição para perder pessoas ou coisas; fatalidades; forças ocultas atrapalhando a vida da pessoa; falta de energia; estagnação; raiva e rancor ocultos; dificuldades no geral, inclusive para receber dinheiros e herança.

JUNÇÕES COMPLEMENTARES: quando sai com 24-Mercúrio mostra que algumas coisas que iriam demorar para acontecer podem se adiantar. Ao lado do Arcano 9-Obaluaiê revela coisas que podem demorar muito para acontecer. Já se estiver na sequência de 9-Obaluaiê e 12-Preto-velho pede cuidado e atenção para situações de depressão provindas de espíritos negativos e problemas com a saúde. Associado no jogo com 16-Pombagira e 18-Lilith significa sentimentos profundos, mas que geram isolamento, obsessões amorosas, sexuais e sentimentos intensos que podem fazer com que o indivíduo entre em "parafuso emocional". Caso saia essa junção para perguntas amorosas, mostra um relacionamento baseado em atração sexual. Associado com 28-Saturno, 27-Júpiter e 13-Omulu pode representar desencarne (neste caso vai depender das cartas ao redor e o sentido da consulta em questão, como, por exemplo, em casos de estar usando o método da cruz cármica ou da mesa real).

32 – Quíron

Quíron não é um planeta, é um asteroide, mas por ter representação no mapa astrológico, assim como Lilith, incorporamos este elemento ao nosso oráculo como uma carta secundária para abranger sua funcionabilidade de interpretação. Como está localizado no cosmos entre Urano e Saturno e como, segundo a lenda, Quíron seria um centauro (um ser mitológico que é metade homem, metade cavalo) que possuía muitos conhecimentos, principalmente sobre medicina e cura, conta-se que certa vez ele encontrou outro centauro, ferido por uma flecha envenenada. Ao tentar ajudá-lo, Quíron se feriu, porém não conseguiu curar a si próprio, apesar de ter curado o outro centauro. Para agravar sua situação, o Deus Apolo havia concedido a ele a imortalidade, dessa forma, Quíron sofria pela eternidade, pois sua ferida nunca cicatrizava. Para escapar deste sofrimento infindável, ele troca sua imortalidade pela liberdade de Prometeu e então morre, tornando-se, a partir desse momento, a Constelação de Centauro que vemos no céu à noite. Assim, ao sair num jogo, este Arcano representa o curandeiro ferido, que cura a todos à sua volta, mas não a si mesmo.

174 | Capítulo 4

Dentro deste oráculo, assim como no mapa astral, a posição de Quíron indica onde a pessoa possui feridas incuráveis, sejam pessoais, familiares ou provenientes do passado, mostrando também onde e em que setores o indivíduo possui habilidades e não as usa para si, somente para os outros, assim como Quíron. Há uma dádiva nessa situação em ajudar os semelhantes.

Esta carta traz o mesmo sincretismo deste ser mitológico no jogo. Sendo ele um mestre, vem trazer essa mesma força na tiragem do oráculo, revelando que o consulente seja seu próprio curador ou que haverá a chegada de um curandeiro para auxiliar nas dores que a pessoa porventura esteja sofrendo, trazendo orientações para todos os setores em que se necessite de cura ou direcionamento. Por vezes, a necessidade de cura que essa lâmina irradia é tão latente que gera no indivíduo atração por estudos terapêuticos e formações como psicologia e profissões nas quais possa auxiliar as pessoas, levando a procurar todo o tipo de conhecimento voltado nessa área. Ao sair no oráculo, aparece a necessidade de aceitar suas feridas, suas dores, para só então poder curá-las.

Morrer simbolicamente como Quíron remete a eternizar suas ações, nem que seja no espaço e no tempo, inspirando talvez até mesmo as pessoas à sua volta a tomarem atitudes semelhante, para que comecem a curar a ferida do seu próximo com dedicação e zelo.

Por ter sido descoberto recentemente no céu, a energia que esta carta carrega é muito forte e nos guia pelo sofrimento de nossas feridas, revelando libertação e evolução pela dor. Ao sair numa leitura com cartas negativas, Quíron suaviza toda negatividade, no entanto, também possui seu lado negativo e revela situações em que o indivíduo não consegue curar mágoas ou lidar com os seus sentimentos e com o sofrimento de entes queridos, gerando impotência diante de acontecimentos, representando que há algum "calcanhar de Aquiles" em seu caminho, trazendo à tona suas fragilidades e suas dores.

Em si esta carta é muito benéfica e auxilia o consulente para que procure e encontre o seu próprio lugar no mundo, revelando assim, sua capacidade em resolver questões que vira e mexe estão sempre voltando em sua vida, como feridas abertas, problemas de saúde, amores que nunca dão certo ou prosperidade que nunca é alcançada. É justamente no ato de ajudar seu semelhante que o indivíduo se liberta e consegue o que procura.

Como Quíron foi encontrado somente a pouco mais de trinta anos e por viver transitando entre Saturno e Urano, este asteroide não possui nenhuma regência ou casa naturalizada definitivas. Devido a este fato, é dito como estrangeiro ou o renegado, revelando, de acordo com a posição que estiver no jogo (ou pergunta que foi feita para o oráculo) que o indivíduo pode ser o "esquisito" da família e até mesmo pode representar que há alguém em um país ou local distante que trará notícias em breve. Em alguns casos representa um desconhecido que chega.

Enfim, a energia desta lâmina faz com que a pessoa consiga trilhar o seu próprio caminho, simbolizando o ato de encontrar o seu eu único mesmo que de modo difícil, pois isso vai fortalecer suas capacidades e habilidades instintivamente, afinal, a metade animal que Quíron carrega leva ele a usar o recurso do instinto inúmeras vezes. Todos temos dentro de nós uma bússola que nos guia para o melhor caminho, apesar de Quíron não possuir regência nem casa astrológica definida, dizem que há certa afinidade energética com Virgem e Sagitário, por sua natureza criativa, humilde e sua energia de liberdade, mas sem dúvidas, ao aparecer esta lâmina, ela emana melhoras e cura para o consulente, irradiando ondas vibratórias positivas em todos os sentidos da vida.

Para vibrar e atrair para seu caminho as forças de Quíron, basta conseguir um pouco de hortelã fresca e acender quatro velas formando uma cruz de lados iguais, colocando na haste superior

176 | Capítulo 4

da cruz uma vela amarela, na haste à sua direita uma vela vermelha, na haste inferior uma vela azul-clara e, por fim, na haste à sua esquerda uma vela verde. No centro dessa cruz coloque a hortelã fresca dentro de um recipiente limpo e higienizado e diga: "Clamo ao portal do Leste, clamo ao portal do Sul, clamo ao portal do Oeste e clamo ao portal do Norte que ativem seus poderes sobre este elemento vegetal e ígneo, potencializando neles a força de Quíron, para que eu possa utilizar esta erva na função de curar a mim de dentro para fora e aos outros ao meu redor. Que assim seja e assim se faça". Feito isso, espere as velas terminarem de queimar, pegue uma parte da hortelã, faça um chá por 21 dias com ela e a outra parte dê a alguém que esteja precisando e peça para que essa pessoa faça o mesmo.

Carta vibracional: espiritual, material e emocional • podendo ser positiva ou negativa de acordo com os Arcanos que saírem junto • arquétipo masculino e ambíguo • velas nas cores verde, branca ou lilás.

Interpretação Geral: o curandeiro; cura em todos os sentidos; abnegação; altruísmo; bondade; pessoa sábia; conhecimentos vastos e profundos; necessidade de curar as próprias feridas; bons conselhos de pessoas próximas; algum desconhecido chegando; direcionamento; estudos terapêuticos; evolução em todos os sentidos; libertação de situações difíceis; pessoa incompreendida pela família; necessidade de encontrar o seu lugar no mundo, busca por habilidades e capacidades; notícias que chegam de longe; estrangeiro chegando ou o próprio consulente indo ao exterior.

Aspectos Negativos: dificuldades em lidar com os sentimentos e mágoas; sofrimentos de entes queridos; impotência diante dos fatos; fragilidade; revela suas fraquezas e suas dores; feridas abertas; relações amorosas que nunca dão certo; dificuldade em se relacionar com a família; falta de dinheiro; negócios que não vingam; sensação de estar sem rumo; feridas e mágoas incuráveis; doenças físicas.

Junções Complementares: ao sair com a carta 25-Vênus mostra uma pessoa que faz tudo por amor, já com 6-Oxum ao lado de cartas com vibração material, significa que há dinheiro chegando e que este dinheiro será usado para ajudar as pessoas à sua volta. Associada com o Arcano 9-Obaluaiê representa cura para todos os males e em todos os níveis. Com 28-Saturno e 31-Plutão, traz feridas, doenças, dores e situações de outras reencarnações ou do passado que precisam ser resolvidas. Se na sequência desta lâmina tiver o 12-Preto-velho, significa que existem mágoas ou sofrimentos difíceis de se curarem, trazendo impotência diante dos fatos.

33 – Caboclos

Esta lâmina vem representar a força de uma das falanges mais antigas e poderosas da Umbanda. Decidi colocar essa energia na última carta como uma forma de homenagem os Caboclos que, por serem regidos pelos mistérios de Oxóssi, trazem a força da expansão e do conhecimento dentro e fora da Umbanda. Foram os Caboclos que difundiram a Umbanda de Zélio de Moraes, transformando-a numa das religiões mais conhecidas no Brasil.

Somam ao nosso oráculo energias de perseverança, vitórias em disputas e em lutas, expansão, proteção e abertura de caminhos, pois o Caboclo não tem caminho para caminhar, ele caminha por cima da folha, por baixo da folha, caminha em qualquer lugar (como já diz um dos pontos de Caboclo) e se

178 | Capítulo 4

não houver o caminho ele mesmo criará um. Esta é a vibração que este último Arcano do oráculo vem trazer em sua jornada. Ao sair num jogo, além de representar fartura e bons acontecimentos em todos os sentidos, o Caboclo vem trazer rapidez e eficácia para todos os processos na vida da pessoa, emanando entusiasmo em realizar ações que sejam pelo bem da comunidade ou de sua tribo, ensinando o indivíduo a trabalhar coletivamente. É uma carta que revela proteção (tanto no físico quanto no espiritual), purificando qualquer negatividade que tente se manifestar. Caso esteja com cartas negativas o rodeando, representa o contrário, gerando escassez, pessimismo, problemas psicológicos, dificuldade em trabalhar e estudar em grupo ou de conviver em sociedade, podendo até trazer isolamento involuntário. No entanto, todo sofrimento que esta lâmina pode mostrar ao sair negativada traz junto uma positividade latente e uma força de espírito livre, que emana esclarecimento e transforma todo obstáculo em aprendizado.

Este Arcano também significa que o consulente tem muita resistência mental, mas se estiver com cartas negativas, pode representar que o mesmo necessita ter essa resistência para superar a fase difícil que está passando de forma plena, ou passará por situações difíceis de acordo com a posição da carta. Força mental, resistência física, persistência, expansão da consciência e a destreza que só um verdadeiro Caboclo possui, impulsionam o indivíduo a solucionar e a realizar diversas coisas, seja no campo profissional, seja no amoroso, seja no espiritual. Esta carta vibra o fortalecimento da alma, do corpo e da mente, mistérios que a falange dos Caboclo emana, aflorando um espírito aguerrido e persistente que vai, por si só, movimentar as essências da existência do ser em harmonia com a vontade do Divino Criador.

Como os Caboclos estão representando uma linha de atuação na qual seu mistério principal são os ritos e a ancestralidade, as curas pelas ervas, rezas e elementos naturais, trazem de Quíron a força do curandeiro, porém não de uma forma dolorida como na lâmina anterior, mas, sim, xamânica, revelando o xamã que há dentro de cada um. Essa cura, diferente de Quíron, começa no interno, pelo conhecimento e não no externo ou com influências e ações alheias, tanto que ao sair no oráculo e dependendo das cartas que saírem junto, revela que o indivíduo pode ter tendências a religiões xamânicas ou até mesmo necessite delas para expandir o seu consciencial e, dessa forma, abrir-se para o Universo de descobertas e conquistas que o aguardam logo ali adiante, num futuro próspero, farto e desbravador em todos os setores da vida, isto é o que o Caboclo vem anunciar no jogo.

Para ativar a força do povo da mata em seu caminho basta pegar sete frutas de sua escolha, sete pedras também da sua escolha e fazer um círculo com as pedras. Depois, pegue uma cumbuca biodegradável, como algo feito de barro, palha ou de preferência metade de uma fruta (como melancia, por exemplo). Tire o conteúdo de dentro da fruta deixando o interior dela oco para que possa colocar as outras frutas dentro. Feito isso, faça um círculo com as pedras e sete velas verdes. Escreva em um papel, a lápis, os seus pedidos e ponha dentro da cumbuca, embaixo das frutas. Coloque a cumbuca com as frutas e os pedidos no meio do círculo e acenda as velas, repetindo mentalmente seus pedidos, clamando à falange dos Caboclos que lhe ajudem fortalecendo e abrindo seu caminho nos sete sentidos da vida. Quando as velas terminarem de queimar, faça um altar com as pedras e coloque a cumbuca de frutas no pé da árvore mais bonita que achar, desejando que, assim como os pássaros levam as sementes das frutas e a espalham, o mesmo seja feito com os

180 | Capítulo 4

seus pedidos, e que eles se espalhem, expandam-se e se realizem, que assim seja e assim se faça.

CARTA VIBRACIONAL: material • positiva • arquétipo masculino • velas nas cores verde e branca.

INTERPRETAÇÃO GERAL: força de expansão consciencial; criatividade; ancestralidade; fartura; conhecimento; sabedoria; abertura de caminhos em todos os sentidos; coletividade; espírito livre; esclarecimento; proteção; vitórias sobre qualquer disputa, mesmo que judicial; progresso; resistência física e mental; destreza; realizações em todos os setores da vida; fortalecimento do corpo da mente e da alma; representa o xamã; traz harmonia com a vontade de Olorum.

ASPECTOS NEGATIVOS: problemas em conseguir fartura; pessimismo; dificuldade de trabalhar em grupo ou de conviver em sociedade; isolamento; fraquezas; pobreza; lerdeza para realizar ações; derrotas em disputas; fraqueza física e mental; raciocínio lento; vontade de se livrar de algo ou de alguém; mau uso do conhecimento; falta de conexão com a ancestralidade.

JUNÇÕES COMPLEMENTARES: associado a 30-Netuno e 19-Oxóssi o Caboclo vem trazer um chamado fortíssimo para o xamanismo, pode ser que o consulente já faça uso de tais medicinas da floresta. Ao lado de 24-Mercúrio, 19-Oxóssi e 0-Erês, revela muita resistência mental, agilidade de raciocínio, destreza e imaginação fértil. Com os Arcanos 4-Ogum, 27-Júpiter e 19-Oxóssi significa muita sorte nos negócios, prosperidade e um período de grande fartura. Ao lado de lâminas como 6-Oxum e 25-Vênus representa um amor que pode prosperar e gerar casamentos, mas com cartas densas como 28-Saturno, 12-Preto-velho e 15-Exu, pode ocorrer paralizações, lentidões e perdas na vida do consulente, principalmente no setor material.

Capítulo 5

Métodos de tiragem

Método das 3 Cartas

Método que o oraculista deve utilizar para perguntas rápidas, que sejam específicas ou que simplesmente precisem responder SIM ou NÃO, sendo sempre a carta do futuro a resposta final.

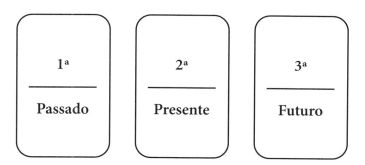

Método das 10 Cartas

Este método pode ser usado para uma leitura geral e é direcionado a tópicos da vida do consulente, sendo eles:

Casa 1: representa a situação interior do consulente.

Casa 2: é a carta cruzada e revela como o ser humanizado age externamente.

Casa 3: mostra a energia da situação e do momento atual.

Casa 4: esta carta traz situações que o indivíduo desconhece e precisa lidar.

Casa 5: carta que mostra as influências do passado.

Casa 6: carta que mostra o que pode acontecer no futuro.

Casa 7: revela como o ser humanizado age e tem relação interna com a carta da posição 1.

Casa 8: carta que mostra o lado material e seus relacionamentos.

Casa 9: traz esperança, medos e obstáculos que deverá buscar ou superar.

Casa 10: é o resultado que traz a síntese de todas as posições.

Métodos de tiragem | 183

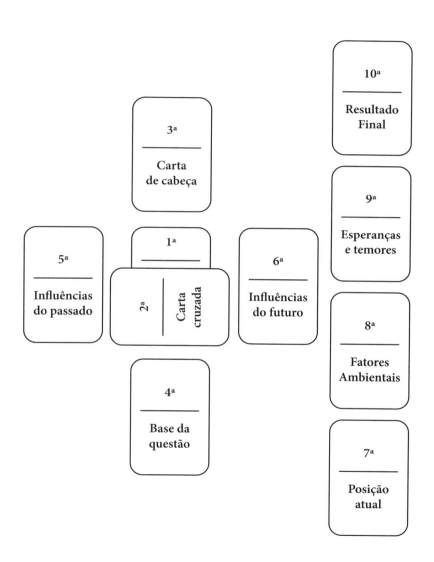

Método para Relacionamentos
(pode ser parcerias comerciais ou amorosas)

Casa 1: resumo do porquê da união.
Casa 2: o que essa relação pode gerar.
Casa 3: o que pensa A sobre a relação.
Casa 4: o que pensa B sobre a relação.
Casa 5: o que A sente sobre a relação.
Casa 6: o que B sente sobre a relação.
Casa 7: o que esperar de A (aqui mostra se há hegemonia na parceria).
Casa 8: o que esperar de B (aqui mostra se há hegemonia na relação).
Casa 9: como está a energia de A e B no momento.
Casa 10: o que pode acontecer no futuro dessa relação ou parceria.

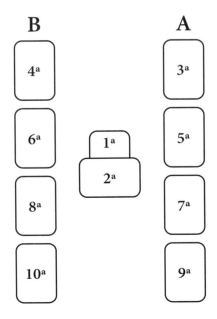

Método da Cruz Ansata

Este é o método que deve ser utilizado quando existir uma pergunta específica.

Casa 1: o começo, o início da situação.

Casa 2: o momento presente.

Casa 3: o que afeta sobre o que foi perguntado.

Casa 4: o futuro, o que virá.

Casa 5: as atitudes do consulente diante da pergunta.

Casa 6: fatores a favor.

Casa 7: o que a espiritualidade aconselha.

Casa 8: como está o mental da pessoa.

Casa 9: fatores que estão contra.

Casa 10: resposta.

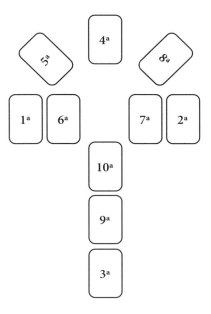

Método Astrológico através dos Orixás de Umbanda

Este método revela como está a vida do consulente em um sentido geral. Pode ser usado para uma leitura comum e ver coisas momentâneas, como também pode ser utilizado como leitura anual. O oraculista deve, então, escrever cada casa, especificar amplamente cada significado e enviar por escrito para o consulente.

Casa 1: a vida pessoal e seus gostos pessoais, seu eu.

Casa 2: recursos financeiros, bens materiais e os seus valores.

Casa 3: mente, comunicação, relação com o externo e viagens.

Casa 4: família e suas influências.

Casa 5: como o consulente se expressa e se relaciona.

Casa 6: relações de trabalho.

Casa 7: relacionamentos.

Casa 8: fatores futuros.

Casa 9: desempenho do indivíduo diante da vida.

Casa 10: carreira, conquistas e experiências futuras.

Casa 11: objetivos que serão ou não alcançados.

Casa 12: a síntese do jogo.

Csa 13: representa o consulente e sua energia no momento.

Métodos de tiragem | 187

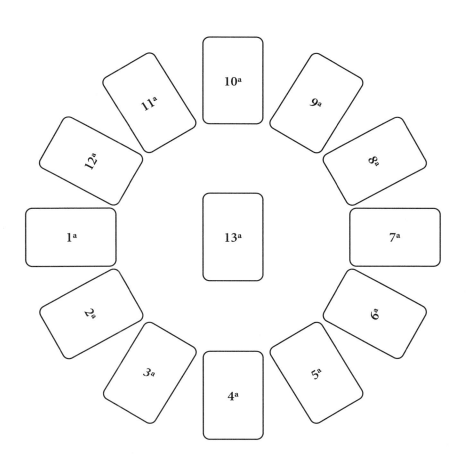

Método das 7 Vibrações

Esta metodologia mostra como estão os sete sentidos da vida do consulente e pode ser aberto também para saber como está a vibração dos chacras do indivíduo, sendo que a posição UM faz referência ao Chacra Coronário e a posição sete ao Chacra Básico. O restante das posições segue a sequência normal dos chacras.

Casa 1: mostra a espiritualidade da pessoa, se há conexão ou não com a sua fé.

Casa 2: relacionamentos e amor no geral.

Casa 3: releva sua vontade em viver e de resolver problemas.

Casa 4: revela as forças contrárias ou a favor do consulente.

Casa 5: mostra o futuro e se os caminhos estão abertos.

Casa 6: mostra a saúde do consulente.

Casa 7: revela quais atitudes que o indivíduo deve tomar.

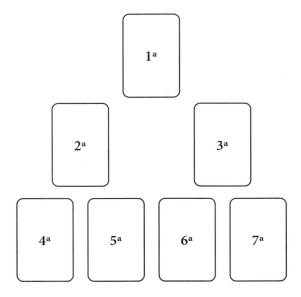

Oráculo da Cruz Cármica

Para utilizar este método o Oraculista deve-se fazer uma oração ou forração espiritual[16] da preferência do cartomante com o consulente.

Embaralhar as cartas enquanto conversa com o consulente.

Colocar as cartas na mesa, pedir para o consulente imantá-las com sua energia, colocando a mão sobre elas (deixe imantar por 30 segundos e peça para cortar em no máximo 3 montes. Caso esteja realizando a leitura a distância, peça que o consulente mentalize seu baralho e irradie sobre ele.

Em seguida, disponha as cartas em cinco montes e em forma de cruz, dividindo-as de acordo com a sua intuição (pode sobrar cartas ou não, mas caso sobre, utilize-as para auxiliar na interpretação da cruz cármica).

Intérprete as cinco primeiras cartas de cada monte antes de olhar as cartas debaixo, pois elas representam o carma do consulente.

Casa 1: representa o Eu do consulente, o seu interior.

Casa 2: faz referência à espiritualidade do consulente e como ele se relaciona com o divino.

Casa 3: representa todo lado material e terreno do consulente, incluindo relacionamentos amorosos e tudo que se refira a sentimentos e necessidades humanas.

Casa 4: representa o passado, incluindo vidas passadas e como o consulente se relaciona com isso.

Casa 5: representa o futuro, os anseios e as forças que o consulente possui para vencer ou não.

---

16. Espécie de oração ou rito que se faz para proteger o ambiente de espíritos negativos, para eles não atrapalharem na consulta ou nos Terreiros.

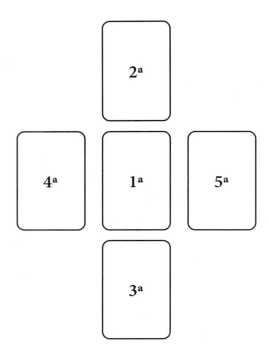

Após a interpretação da cruz cármica, abra a cruz da seguinte forma: o monte da casa de número DOIS deve ser aberto em forma de leque (que vai representar a vida espiritual do consulente, fatos e energias recentes que estão atrapalhando ou não a vida dele).

Embaixo do leque formado pelo monte da casa DOIS, deve-se formar uma segunda sequência de leque com as cartas dos montes quatro, um e cinco (que vão representar o momento presente do consulente e tudo o que pode afetá-lo diretamente, como sentimentos, trabalhos negativos, doenças e fatos que vão acontecer num futuro próximo). Embaixo do segundo leque, deve-se montar o terceiro e último leque, somente com as cartas da casa de número TRÊS.

Métodos de tiragem | 191

Método da Mesa Real

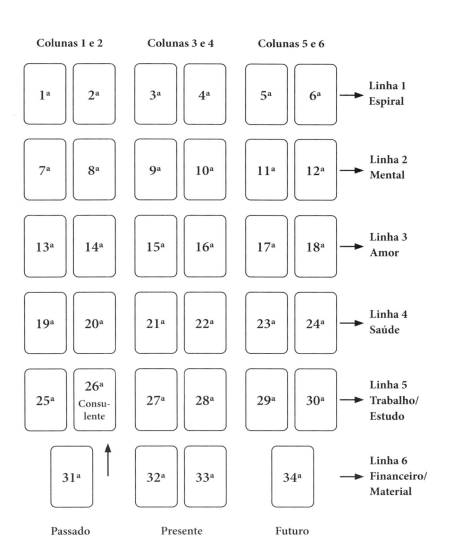

Considerações finais

Acabamos de mostrar neste livro de tarô umbandista que todas as energias do Universo se convergem, sejam elas planetárias, elementais, físicas, espirituais, etc. Portanto, por mais que os seres humanizados ajam com separatismo (principalmente religioso), isso não ocorre na espiritualidade, em que todas as potências divinas estão em uníssono. Afinal, todas as divindades, elementos e seres que estão no Universo provém de uma única Fonte Criadora que, dentro da sapiência Divina, criou portais que sustentam o macro e microcosmo e irradiam, para tudo e para todos, vibrações que nos auxiliam ou até mesmo que nos punem se for necessário, pois a lei divina é clara, cada um colhe o que planta, ou seja, não é uma questão de castigo, mas, sim, de ação e reação. Nada foge ao sincronismo do Universo, ao ritmo do destino que cada um traça respeitando o livre-arbítrio.

Dentro deste oráculo tentamos trazer de uma maneira ampla as forças das divindades de Umbanda com as vibrações planetárias, associando conhecimentos umbandistas com os astrológicos para, desta forma, trabalhar não só a parte espiritual do indivíduo, mas também a parte psicológica e energética, pois é notório para todos os bons tarólogos que todo oráculo, todo jogo, revela fatores de suma importância emocionais, espirituais e psicológicos do consulente e que podem, devido a vibração mental e emocional que o mesmo gerar,

194 | Tarô de Umbanda

atrapalhar ou até mesmo modificar o destino de uma pessoa. Portanto, uma boa leitura de Tarô não é somente baseada em prever acontecimentos, mas também em direcionar atitudes e posturas internas que farão toda diferença diante do futuro do consulente ou na sua vida presente.

Devido a este fato, este *Tarô de Umbanda* é uma ferramenta poderosíssima que chega ao plano terreno. Sua complexidade é tão ampla que somente uma carta deste oráculo carrega um vasto conhecimento e pode trazer, dentro de uma situação, vários ângulos e visões de uma mesma circunstância, auxiliando com maior mestria a vida daqueles que recorrem a este oráculo. Outra ferramenta importante é a interpretação dos aspectos negativos das cartas, a partir dos quais podem revelar fatores que influenciam diretamente e negativamente a vida do consulente, em todos os sentidos da sua existência. Para utilizar com assertividade essa ferramenta, basta que o oraculista terapeuta observe as cartas que saírem em sua leitura, se em sua maioria elas forem negativas isso poderá potencializar os aspectos negativos deste jogo em questão.

Outra forma de evidenciar e utilizar os aspectos negativos de um Arcano é usar as cartas invertidas. Existem duas formas de jogar: a primeira é toda vez que for abrir o jogo o tarólogo deve colocar todas as cartas em ordem de números, organizando-as no mesmo sentido. Nesta primeira maneira de utilizar o oráculo, as lâminas têm seu aspecto negativo evidenciado pela junção das cartas vibracionais negativas, sendo uma forma muito eficaz e mais fácil de lidar com tais aspectos. Já o segundo método é um pouco mais complexo, o cartomante não faz tal organização e muito menos desvira as cartas do jogo quando elas viram ao serem manuseadas, para que, desta forma, algumas cartas saiam invertidas (de ponta cabeça), outras não, podendo assim evidenciar os aspectos negativos do jogo – esta seria uma maneira de trabalhar com as cartas invertidas. Há também alguns tarólogos que não colocam em ordem as cartas toda vez que vão jogar, mas desviram as cartas, colocando-as todas no mesmo sentido, para trabalhar através das junções.

Enfim, aqui nesta obra procuramos abranger toda as nuances das situações interpretativas e de manuseio, além de retratarmos os tarólogos como oraculistas terapeutas, afinal, um bom cartomante é também um bom terapeuta, visto que ao terminar um atendimento de qualidade deixa o seu consulente com a mente e alma tranquilas, pois, independentemente dos contratempos que por ventura possam aparecer no caminho dele, não há nada que um oraculista competente não possa ajudar a resolver ou no mínimo direcionar para a solução. Para que isso ocorra de forma cada vez mais abrangente, o plano espiritual nos trouxe esta ferramenta, o *Tarô de Umbanda*, baseado nas forças dos Orixás e nas vibrações planetárias.

Trouxemos neste livro alguns Orixás primários cultuados dentro da Umbanda, pois se formos estudar mais a fundo iremos encontrar entrecruzamentos vibracionais de portais dos Orixás principais, que também atuam aqui neste Planeta, como Oxaguiã, Oxalufã, Logun Edé, Ewá, entre outros, seres que carregam dentro de si mistérios da junção de mais de um portal vibracional principal, porém que não são comumente cultuados na Umbanda Contemporânea e, geralmente, fazem parte da Umbanda traçada ou de ritos baseados em métodos mais arcaicos. Até porque, diante de tantos seguimentos e vertentes, seria impossível listar minuciosamente todos os portais e seus entrecruzamentos de ondas vibratórias em uma só obra, no entanto, os Orixás principais que são a base umbandista e também os mais cultuados, carregam em si toda a base de sustentação energética, assim como as falanges mais conhecidas de Umbanda que estão inseridas neste oráculo. Este fator, somado às nuances da astrologia apresentadas aqui, tornam este oráculo uma importante ferramenta sobre todas as maiores e principais energias que sustentam a criação divina nesta dimensão e em outras, para que, assim, possamos nos guiar não só através dos Orixás, mas também, de toda a força do Universo, que de uma forma ou de outra está interligada dentro de nós. Espero então, de coração, que este oráculo chegue até você e guie seus caminhos terrenos da evolução!

SARAVAMASTÊ: A umbandista que habita em mim saúda o(a) umbandista que há em você!

OUTROS TÍTULOS DA EDITORA ALFABETO

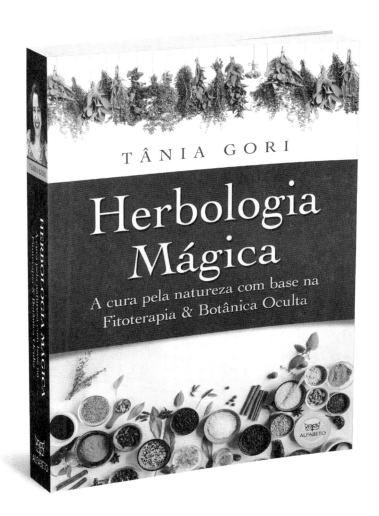

OUTROS TÍTULOS DA EDITORA ALFABETO

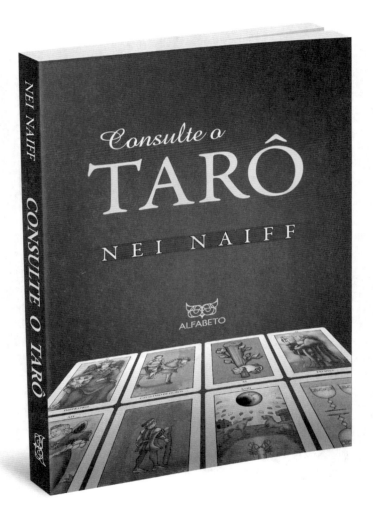

OUTROS TÍTULOS DA EDITORA ALFABETO

OUTROS TÍTULOS DA EDITORA ALFABETO